難搞的不是工作，而是每天相處的同事！

48個擊退辦公室小人的方法

小羅密歐・羅德里格斯／著
曾瀞玉、高詹燦／譯

（港書名：同事比工作更難搞
48招擊退辦公室小人）

序章——給疲於應付「職場人際關係」的你

請試著想像一下。

你是公司裡唯一懂得使用「讀心術」的人。

可以讀懂上司的內心，控制他的行動。

也無須在意前輩「高高在上的態度」，能用心靈操控技巧讓他受你的支配。

在無意識間驅使著下屬和後輩為你鞠躬盡瘁，並且受他們仰慕。

公司高層都注意到你的表現，你成為公司裡的英雄。

不，你將不分公司內外，受到眾人的傾慕、倚重，成為難得一見的曠世奇才。

前提是，如果你學會運用讀心術的話……。

那麼，讓我們回到現實吧！

・上司總是用權力威脅你，甚至性騷擾
・還對你提出了一堆不合理的要求
・你一見到上司就覺得噁心
・跟同事也無法打好關係
・下屬們當你是白痴

……職場上的人際關係紛擾多不勝數。

這本書是為了不討厭工作、只是疲於應付人際關係的你而存在的。

首先，請試著讀下去，就算只把這篇序文看完也好，應該花不到3分鐘才是，然後再判斷對你來說有沒有用。當然，購買與否是你的自由。

本書**將針對在職場與上司、前輩、同事、下屬相處不佳而感到有壓力的人，說明各種改善人際關係的心理技巧。**

書中將區分為——對上司、對下屬、對前輩、對經營者以及對同事——等各項單元，相信你一定能在其中找到適合自己的應對方式。

儘管也有特別針對女性的項目，但除此之外，介紹的都是男女通用的技巧，因此請試著撇開性別，認真學習並加以實踐。

還沒來得及向各位問候。我叫做小羅密歐・羅德里格斯。

我從2002年左右開始，以讀心術專家作為職業，從事各項活動至今。在那個時代，日本還無人理解「讀心術」（mentalism）這個名詞，可說是聞之色變，以為是詭異的洗腦術，或被視為能人異士的伎倆。但是多虧了愈來愈多在電視和其他媒體上曝光的機會，社會大眾已逐漸能夠欣賞讀心術表演了。

在日本，讀心術（mentalism）這個詞最終的定型化用法，其實與它原本的意義有些不同。我想，你一定也誤以為讀心術是「心理學的一種」，其實是有些差異的。

讀心術是「心理學」和「騙術」的結合，亦即屬於魔術的領域，是100多年以前，一位名叫西奧多・安妮曼（Theodore Annemann）的人為了娛樂群眾而創造的表演秀。

當時的讀心術與現在不同，主要被當成超能力或靈力，透過讀心技巧看透人的內心、預測其未來並操控其心靈，表演給眾人看。

而現代日本廣為流傳的讀心術，源流則是汲取自英國的讀心大師——達倫・布朗（Derren Brown）。運用心理學與催眠術，再暗地裡使用一點騙術。

我想你應該也在電視上或其他地方看過讀心大師猜中人心的節目，不過，要在電視節目上百分之百成功的話，必定得使用騙術。

我為什麼要說這些話呢？因為不只這本書，任何一本談心理學的書，無論提及的手法為何，首先必定希望讀者明白：「只要是心理學的技巧，就不可能百分之百有用。」

想要百分之百有用，必定得使用騙術。如果你以為讀了心理學的書，就能像電視上的讀心大師一樣看穿人心、加以操控的話，我可以先告訴你，那是在幻想。

但是，如果就此斷定「心理學起不了作用」，倒也並非如此。心理學一再經過重重實驗，證實了它可以對人心發揮作用。

所謂的心理學，說起來，就是人類的使用說明書。例如，你現在腦海裡浮現的數字，我雖然無法一語猜中，卻可以「大致上」加以控制，就是這麼回事。

而且它就和運動一樣，透過反覆實踐，即可從對方的反應推想出「接下來該怎麼做」，進而學會更高層次的技巧。

最初一定會感到困惑，之後便逐漸習慣，最後習慣成自然。

等你做到渾然天成，便能真正達到**無須刻意，也能看穿對方的心，並加以控制的境界**（雖然並不是百分之百）。當然了，嚴禁濫用。最多只能用於保護自己，或者是為了雙方的利益才使用。

了解讀心術是什麼之後，讓我們把話題再拉回職場吧！

我從以前就一直在想一件事。

我感到非常不可思議，為什麼公司裡沒有懂得活用讀心術的人呢？

就像我在前面所說的，明明只要學會不使用騙術的讀心術，也就是心理學，就可以靠自己的本事操控人際關係了……。

除了表演秀以外，我還有許多認識人的機會，這種時候，我總是會讀取對方的想法。

「啊，這個人言行不一……肯定有蹊蹺！」

「嗯～～他說得很厲害，可是為什麼西裝的鈕扣掉了呢？」

「字裡行間提到的這個關鍵字……這個人有點難纏喔！」

諸如此類，多虧了身上的這套讀心術，我得到了不少好處。

・該不該和這個人有生意往來？

・能不能信任這個人，將工作交託給他？

・這個人往後會不會背叛我？

如果能事先知道這些事，做生意豈不是更順利嗎？

倘若覺得此人不能信任，逐漸疏遠便是；感覺是值得信賴的人，則緊密地與他合作。

本書將**淺顯易懂地解說這套可以現學現用的讀心術。**

我自認網羅了所有職場上可能發生的、關於人際關係的煩惱。請先無視單元，快速地瀏覽一遍看看。你的眼睛所及之處，皆藏有讀心術的祕密。

然後你會在閱讀的過程中發現：

「嘿，這項技巧好像可以用在下屬身上。」

「咦？這招是針對上司，不過好像也可以用來對付老闆耶！」

「嗯？這項法則不也可以用在情人身上嗎？」

相信你將有愈來愈多的發現。

當你有這種感覺時，請務必試著實踐看看。

或許可以發現只屬於你的全新讀心術也說不定。

既然將序章讀到這裡，我想這就表示，你或多或少正在為職場中的人際關係苦惱。

首先，我希望你明白「你已經很努力了」。

許多人有人際關係的煩惱時，基本上會選擇忍耐，即便承受著壓力，也是苦苦地忍受。

而你卻拿起了這本書，想嘗試用自己的力量開闢一條新的道路。

「或許讀心術的力量能幫助我打破現狀！」可能就是這個念頭，促使你如今看著這本書。

若是如此，你的直覺是正確的。

我非常重視人與人的緣分。

無論是何種形式，既然你和我之間有了這樣的接觸，我認為這也是一種緣分。

如果這本書能成為你與讀心術領域之間緣分的開始，我將甚感欣慰。

我也期望這本書，能夠成為你在職場上「解決人際關係問題的指導書」。

歡迎進入讀心術的世界！

難搞的不是工作，而是每天相處的同事！　目錄

Contents

第3章 讓你比前輩更佔盡優勢的讀心術

Contents

第5章 同事是戰友也是勁敵。維持不好不壞交情的心理戰

第1章

讀懂上司的心理，隨心所欲操控他

No.01

代罪羔羊

頻頻挖苦和說教個沒完的惱人上司，就靠

有句話說：「孩子不能夠選擇父母」，職場上的普遍情況則是「下屬不能夠選擇上司」。

現實中，有不管別人工作能力好壞，動輒挖苦一番的上司，也有訓起話來就沒完沒了的上司。如果今天你走了衰運，要在這樣的上司底下工作，那可真是叫人吃不消。

「若不是看好你，我才不會浪費唇舌！」也是有上司會如此為自己辯解，但這種話最信不得。你必須趕快發現，挖苦和「落落長」的說教單純只是上司在自我滿足與消除壓力。我們先來了解上司的這種心理狀態。

他們之所以這麼做，是因為「只能在挖苦和說教的行為中，讓你見識他的優勢和手段」，而且「自我陶醉」於說教中的自己。

美國華盛頓大學曾經做過實驗，讓人舉出別人的缺點，並給予改善建議，同時測量這些說教者和受教者的壓力荷爾蒙數值。

所謂的壓力荷爾蒙，是由副腎皮質所分泌出的荷爾蒙，稱為「皮質醇」。倘若皮質醇的數值處於高點，據說會出現憂鬱症和精神方面的疾病。

實驗由30組受試者進行6個小時的測試，進行說教的受試者中，76%的人皮質醇數值降低了，相對於此，所有的受教者皮質醇數值都急速竄升。

由這項華盛頓大學的實驗可以得知，**說教這件事對說教者來說能夠帶來「快感」**。當然，不是說所有的上司都是如此，但只怕即便沒這個打算，有時在說教的過程中也會無意識地享受這種快感。

那麼，如果不小心遇到了這種上司，該怎麼做才好呢？

解決方法是尋找「代罪羔羊」。

也就是「找別的人當做犧牲品」的意思。因為這是一種「把取代你的犧牲品獻給上司」的技巧，故得此名。

假設煩死人的上司又開始說教，你肯定會低下頭苦苦忍耐，等待說教結束。

不過，當他說教完畢，請你做出不同於以往的反應。說教完後，讓我們清楚地這麼說：

「是我不夠可靠，真是萬分抱歉。等您有空的時候，就算是下班後去喝一杯時都可以，能不能請您再多教我一些呢？我想多多聽取您的建議，加強工作能力！」

就上司的角度看來，儘管他對你施教，內心還是隱約覺得「大概會被討厭」。但是，看到眼前非但沒有這種反應，反而還主動仰賴自己、希望自己多教一些的下屬，你能想像上司會有什麼樣的感受嗎？

這一刻，他應該會覺得反應不同於往昔的你「挺有幹勁的嘛！」。

達到這個狀態後，他就是你的囊中物了。實際安排一個和上司喝一杯的機會，丟出一堆問題問他吧！他勢必會乘著醉意，滔滔不絕地講起自己的英勇事蹟。對於這些，你也得咬著牙忍下來，徹底扮演好聽眾的角色。

「您真是太厲害了！我也能變成像您這樣嗎？」

「很高興您願意抽空陪我。今後也請您狠狠地鞭策我。」

儘管心裡可能千百個不願意，我們還是要不停丟出這種話。

因為就是要在這裡讓上司吐出內心話，如此一來，上司的心理狀態將變得如何呢？沒錯，他將感到滿足，也就不會再對你「說教」了。

「啊？可是，一個讓他這麼滿足的下屬，會不會每天被約去喝酒啊？」

你可能會產生這種疑問，不過，人類往往渴望從新的事物身上獲得新的反應，所以毋須擔心。而當你如此滿足他後，他就會**對於讓自己大獲滿足的你，抱持極佳的印象。**

來到這一步，你便高枕無憂了。不過，小心駛得萬年船，獻上代罪羔羊的時機到了！同部門的同事、前輩、後輩，誰都可以，向你的上司提出要求：「最近某某某好像有些懈怠，簡直就像以前的我，真教人看不下去。請您務必給他一點建議，好嗎？」

這樣就順利獻出新的犧牲品了。上司再也不會挖苦你、對你說教了。因為你幫他找到了新的攻擊對象。

No.02

翹翹板技巧

無意識間扭轉上下關係的

由於人事異動，先前還是下屬的人，一夕之間就成了上司。或許你也曾碰過這種地位逆轉的現象。

這就是所謂的「越級升官」，如果你是下屬，難道不想越過平時囉唆的頂頭上司，讓過去叫你小名的人，喊你「××姊／××哥」嗎？

高層如果實際做出這麼猛的決定，自然是大快人心，然而，要讓它發生必須先搞好公司內部政治，也要與經營層打好關係，方能實現。

事實上，處心積慮地想越級升官實非易事，但是有一個方法可以讓你維持現狀不變，又能神不知鬼不覺地扭轉上司與你的上下關係，使他彷彿變成你的下屬一樣。

這個方法被稱為「翹翹板技巧」。

首先，希望你好好留意，你在公司內的角色是什麼。是提升公司的獲利嗎？

還是面對上司，相安無事地過日子呢？

請仔細想想看。對公司來說，原本就不需要無法產生獲利的人，不管是什麼頭銜都一樣。生不出利益就要裁員。尤其目前的經濟情勢，已經不是過去那種泡沫時代了。「拿不出成果就請你走路！」這才是公司的心聲。

說到這裡，你有沒有清楚地意識到了呢？

那麼接下來，想請問你在工作上，有多大程度是被上司耍得團團轉？

如果你感覺自己被上司牽著鼻子走，那你就是把「價值」過度放在上司身上，而不是工作上。在你這麼做的時候，你的價值也將相對降低。這就是所謂的「翹翹板」狀態，上司若在上，你就必定為下。

「雖然你這麼說，可是工作是整個團隊在做的，上司握有部門的決定權，不得不倚重他啊……。」

確實如此。但是，有辦法可以將這位上司的決定權，神不知鬼不覺地轉移到你身上。而為了讓這件事變成可能，你必須由看重上司，轉為看重你自己。

首先，我要先說清楚，如果你對上司強硬，他基本上便會退縮；你一旦表現出軟弱，上司就會得意忘形起來。上司也是人，也會對強大的人——即便是下屬——感到恐懼，覺得不安。於是，他一定會為了抹煞這種感覺，有意無意地試探你「做人的氣度」。

例如：「某某，那個案件的資料還沒好嗎？」「某某，和客戶談價談得怎麼樣了？」「某某，這件事現在是什麼情況？」像這般對你找碴。當然，其中也有確認業務的成分在，但是他其實是在看你的反應，藉此觀察你「做人的氣度」。如果你對他的問題畏首畏尾，或是反過來發火，那就是把價值放在上司身上，你會讓他覺得「啊，只要動搖他的情緒，就能控制這小子」。

為了不讓事情演變至此，也為了在翹翹板遊戲中獲勝，首先，必須留意以下3件事：

①無論上司說什麼，都要不為所動
②主動創造不會被上司試探的狀況
③不因上司的要求而動怒

不管上司說你什麼，請保持無所謂的表情。**那些反省的表情、落寞的表情，就像是把控制你的材料拱手交給上司一樣。**

對於上司的要求，我們要毫無怨言、泰然自若地迅速去辦。許多人辦事是追求「被肯定」，但是這裡談的是以「超越上司」為目的，所以不需要獲得肯定。總之，請淡然地處理工作。

然後，這項翹翹板技巧最重要的就是被稱為「模擬策略」的部分，能創造不被上司試探的情況。要創造出這種情況，只要明白上司在想什麼，下一步打算怎麼行動就行了。

2017年芝加哥大學進行了某個實驗。首先讓12名受試者觀看能夠引起「憤怒」、「快樂」、「恐怖」等各種情緒的影片，並拍下這12人觀看影片的模樣。然後，再另外聚集一個約50人的新群體，分成2組，觀看被拍下的12人的模樣。A組被要求看12人的「表情與身體的動作」，觀察他們「抱持著什麼樣的情緒」。B組則被要求一邊想像「如果自己是這個人，會有什麼感受？」，一邊推測12人的情緒。

結果，關於正確理解那12人的情緒，由B組大獲全勝。由此我們可以得知：**與其觀察表情，其實想想「若是自己會怎麼做？」，也就是「模擬」一番，將更能確實讀懂對方的內心。**也就是說，若是不想製造被上司試探的情況，只要平日裡多去意識到「自己如果是上司，會怎麼想？」即可。

這麼做會發生什麼事呢？

你將會毫不費力地推敲出與上司同樣的結論，你會對上司所做的決定瞭若指掌。如此一來，上司的心就會打開一道縫隙，他會心想：「交給這傢伙就沒問題。」約莫從這個階段開始，上司應當會逐漸開始對你說「某某，對於這個案件你怎麼看？」這種話了。

事若至此，翹翹板遊戲就是你贏了，因為這次輪到上司把價值放在你身上、開始重視你了。就像我先前說的，被重視的人地位較高，而這一次被重視的人換成是你。

即使實際上難以越級升官，但是在潛意識的領域裡卻有可能辦到，所以請務必試試看。

No.03

可輕輕鬆鬆扳倒上司的「重新否定」話術

「怎麼樣？今晚去喝一杯吧？」

當上司說出這句話，晚上的寶貴時間就要泡湯了。真的有約在先就不說了，就算用謊言推託，這招也不是次次有用，你的心底話是不是「迫於無奈，不得不去」呢？

當然了，因為可以省下晚餐錢而高高興興跟去的這種人，在公司裡也不是沒有，不過會對上司的邀約感到高興的人，整體來說應該是愈來愈少了吧。

其中一個原因，就在於不想聽上司的「吹噓」和「過去輝煌事蹟」。

「我說啊，你們還有得努力呢！像我那個時代，上司比現在更剽悍咧。」

「那年做業績我拿了第一名，還獲得董事長獎！只有我，就我拿獎。你只要聽我的話，一樣可以輕而易舉拿到這個獎。」

看在局外人眼裡，下屬們單方面聽著上司說話的模樣真是讓人同情。

像這種情況，上司想必是神清氣爽、心情愉悅；至於你，則應該是壓力不斷攀升，很想找個藉口溜掉吧？

在這裡，最好先理解「上司為什麼想吹噓？」，明白他的心理狀態。

像這樣自吹自擂的行為，在心理學用語中稱為「凌駕」，是最近很常被使用的名詞，可能有許多人知道。其心理背景為藉由展現自己比對方更優位，沉浸在「優越感」裡，以抬高自己的「自尊心」。無論是男性上司還是女性上司，問題的共通點在於「別人怎麼看待自己」的意識在作祟。

這種凌駕行為有3種模式，各不相同，但是都存有「想被肯定」的心態。

①大言不慚的吹噓
②居高臨下的吹噓
③貶低自己的吹噓

前面兩種就是字面上的意思，我想應該不需要特意說明，至於③的特徵，則是想聽到對方說「不不不，你已經夠厲害了」的類型，這樣理解就很清楚了。

你的上司應當也能符合這三者之一。

如此觀察他吹噓的背景，便可以明白某種法則。那就是：**吹噓自己的上司，總歸來講「其實並無自信」。**想要透過吹噓獲得肯定，反過來說，就是他「自己無法肯定自己」。

這裡隱藏著一個重要關鍵。只要反過來利用他「自己無法肯定自己」的狀態就行了。換言之，你要表現出「我比你有自信」的態度。這麼做，就能神不知鬼不覺地調轉上司和你的立場。

上司也是人。雖然以公司裡的職位和頭銜維持住立足之地，但終究只是「普通的人」。只要能在心理上使自己的地位高過他，要收服上司簡直是易如反掌。

那麼，該怎麼做才好呢？此時「重新否定話術」這項技巧就要大顯神威了。

舉例而言，假設在與上司喝酒的席間，他一如往常地開始吹噓自己。

「……，當年我是那個地區的第一名。你明白嗎？進公司的第一年啊，就把前輩、上司他們全給嚇傻了……。」
「哇，第一年就做出這麼棒的業績啊？太厲害了！那也有拿過全國第一嗎？」
「……，不……全國第一倒是沒有拿過……。不過，我看應該也是早晚的事情啦……。」

看出來了嗎？上司的吹噓在這一刻便吹不出來了。

上司想透過自誇，讓其實並無自信的自己獲得肯定，當他明白你不吃這套，便滿足不了自尊心，下意識地便被植入「無法凌駕於你之上」的意識。

如果是人人眼中業績優異的上司，請試著這麼說說看：
「哇，太厲害了！啊，我記得曾經聽過，美國有個叫某某某的人，成功銷售出10倍的成績，您當然也能辦到，對吧？」
只要讓他認識到有人在他之上，就有同樣的效果，請務必試試看。

總之，重點在於**讓他意識到「吹噓落空了」**。如此一來，他也就沒有事情可以對你誇耀了，勢必不再擁有比你優越的意識。相對的，請留意說話時不要話中帶刺。要是踏錯一步，用居高臨下的方式說話，可是會被上司討厭的。請千萬要小心。

No.04

被討厭了也別擔心！應用「認知不和諧」理論

上個單元的末尾曾提到，在職場上被上司討厭是很糟糕的事。就算你的工作能力不錯，一旦惹上司不快，你就會空有長才而無處施展，最糟的情況，還會被踢到其他部門、遭流言蜚語纏身。那麼，如果好死不死已經被討厭了，該怎麼辦呢？此時就讓我們應用「認知不和諧」理論吧！

所謂的認知不和諧，是指互相矛盾的認知同時存在於人類心裡的狀態，也是表達在這種狀態下所產生之不快感的心理學用語。此乃美國心理學家利昂・費斯廷格（Leon Festinger）所提倡的理論，指稱**人類會改變自己的態度與行為，以解除這種不快感。**

經常被提起的一則著名寓言，是伊索寓言中的《狐狸與葡萄》，你是否記得這篇故事的內容呢？這故事是說：狐狸發現結在樹上、看起來很美味的葡萄，跳起來想吃掉。但因為葡萄結在高處，狐狸跳了好幾次都摘不到。牠既憤怒又不甘心，於是說「反正那個葡萄一定又酸又難吃」，將不吃葡萄一事正當化。

心理學家佛洛伊德將這種把自己或自身行為正當化的舉動，解釋為一種「防衛機制」。比方說，想要高級車，可是因為經濟上負擔不起，所以嘴硬地說「算了，車子不過就是一堆鐵塊，反正能開就好，輕型車不也一樣？」，將自己不買高級車的行為正當化，把經濟上的弱點當作不存在。前面所說的狐狸也是一樣，因為跳起來摘不到葡萄，就設法蒙混過去，不正視自己的弱點。人類都害怕痛苦的事情，正因為不想嚐到心痛的感覺，才需要各種「正當化的藉口」。

在這裡，分析上司的心理狀況，就能找出幾項他為何討厭你的端倪。

①因為你的存在讓上司的地位岌岌可危
②因為你是上司討厭的類型
③因為你反對上司的意見

之所以討厭你，是因為這些因素藏在上司的心底，然後被正當化為「討厭」

的態度。

舉例而言，假設你是一名女性，聚餐結束後的歸途中，上司向妳要求肉體關係，而妳拒絕了。這一刻，對上司而言，妳就成了「會威脅到自己的危險存在」。意思就是，上司可能會想：「她說不定會去跟誰告狀。要是去向長官們報告怎麼辦？」為了明哲保身，他便透過討厭妳，正當化欲和妳發生肉體關係的自己。接著他就會想早點讓危險的存在從自己身邊消失，最終形成了厭惡這種情感。明明原先抱持著甚至想發生肉體關係的好感，後來卻變成了厭惡，原因就在於此種心理。

那麼，該怎麼應對才好呢？

很簡單。幫他消除這種認知不和諧就行了。首先，**請探究上司心裡「想將何事正當化」。**他覺得你的存在是個危險嗎？還是他真的討厭你呢？只要觀察態度，應該不難看出其中的差別。

如果你們之間明明沒有明顯的交集，他卻從一開始就討厭你，那就是單純的生理性厭惡。在這種情況下，「多多依賴」將是另闢蹊徑的關鍵。「生理性厭惡」這種心理，多半是由於不夠了解對方所造成的。透過「依賴」建立起關係，讓上司了解你，如此便能逐漸消除對方這種「生理性排斥」的不確實情感。

或者是，當你如前面所述被上司要求肉體關係時，這麼拒絕也是一個方法（儘管你可能不情願）：「您是我非常尊敬的人。因為不想討厭我所尊敬的您，請將我當成一名下屬看待。」如此一來，上司便感受不到威脅，而能夠正常地對待你了。

如果是像③所描述的，你總是違抗著上司的意見，只要停止反抗就行了。當然，我相信在推展工作之際，必須反對的情況會屢屢發生，但是會產生問題的原因多半不在於反對，而在於反對時所用的「語言」和「態度」錯了。許多時候往往是你先採取了高姿態，或是表現出將上司當成傻瓜的態度。如果是這樣的話，你就必須學會尊重上司的「態度」。

無論如何，上司的討厭必定其來有自。找出那個原因，妥善地消除上司的認知不和諧，相信關係亦會逐漸改善。

No.05

對提出離譜要求的上司採取主張性反應

「今天之內把這份資料整理好。」

在即將下班之際聽到上司說這種話，可真教人吃不消。敢說「啊，我今天不能加班」的強者，應該還是少數吧？

每當遭遇這種事，焦躁感和壓力便急速攀升，於是和同事去店裡喝酒，舉行「上司抱怨大會」——這種畫面應該不難想像才是。

如果上司人好也就罷了，要是碰上不把你的私人生活當一回事的上司，除了「節哀順變……」這幾個字，我也想不到其他詞了。若是反抗，則仕途堪慮，可是一味服從，就沒有私人時間了。

這種上司，該怎麼對付才好？

答案很簡單，請學會「主張性反應」的技巧。

所謂主張性反應，是帶著好印象拒絕對方要求的方法。

首先，人主要有下列4種「拒絕模式」。

①非主張性反應……拒絕不了要求，不自覺地回答「好」

②直接性攻擊反應……用憤怒或負面的話語來表達

③主張性反應……懂得用禮貌的話語拒絕

④間接性攻擊反應……不說話，表現出賭氣的態度

你應該知道，這4種拒絕模式裡，讓對方印象最好的是③主張性反應。

但是，據說在公司裡，也只有21．6％的人使用這種正確的反應方式。換言之，**5人中只有1人懂得使用正確的方式拒絕。**照這情形看來，雙方都會不斷積存壓力，自然也必須去店裡喝酒開抱怨大會了。

運用這種主張性反應時，請確實掌握「道歉」、「理由」、「替代方案」這3項重點。譬如下面這種拒絕方式：

「對不起（道歉），今天之內要整理好這份資料有困難。我必須在今天內做

好明天開會要用的資料，應該會弄到很晚（理由）。某某整理資料的速度比較快，您能不能去問問他呢？（替代方案）」

簡單吧？掌握住這3項重點，便可確保要求不會再找上你。

不只是上司的要求，對於上司的「邀約」也能這麼用。

首先，如果是男性的話，「對不起（道歉），今天已經有約所以難以前往（理由）。某某好像有空，您是否要問問看呢？（替代方案）」類似這樣。

若是女性的情況，「對不起（道歉），今天身體很不舒服，真的沒有辦法去（理由）。等我身體恢復了，再請您找我（替代方案）。」這種語句是最恰當的。

為什麼需要區分男性和女性的說法呢？因為男性一旦說身體抱恙，很有可能被貼上「沒有管理好身體健康」的標籤，考量到往後的升遷，以身體狀況為理由拒絕並非明智之舉。

至於女性，因為有生理期等因素，男性上司自是不用說，即便是女性上司應該也不便窮追猛打，比較少會被問及詳細的理由，可說是值得推薦的拒絕方法。

不過，這裡必須說清楚的是，上司會提出這些離譜要求，其實多數時候你也有責任。

之所以被提出離譜的要求，代表在上司心裡有一張譜，覺得「找這傢伙的話他不會拒絕」，請務必記住這點。日本國民的性格裡，潛藏著「忍耐的美學」，也經常不明確表達自我的主張，因此，建議各位務必藉著這次機會學會自我主張的技巧。

為免篇幅冗長，此處就不多加說明，但若是想加強自我主張、貫徹自己的意見，請大家務必學習「聲明」（assertion）的技術。「聲明」是為了達成相互尊重的溝通所需具備的自我表現手法。因此，對於殷切期盼「想找到方法推行自己的意見」的人來說，可說是必備的技術。

No.06

對性騷擾上司超級管用的正能量揚聲器

「妳和男友多久見面一次？」

就是會有頻頻問這種問題的上司！看似單純的閒聊，主要目的其實是在問：

「妳和男朋友多久上床一次？」

這已經是如假包換的性騷擾，其中還有利用自己的地位約下屬去喝酒，灌醉之後帶進旅館的狂徒，實在是惡劣至極。根據統計，女性每4人就有1人有過這種經歷，而且還不敢直接出言喝止，包括所有類型的性騷擾在內，有61・6％的女性處於所謂「忍氣吞聲」的狀態。尤其是愈年輕的女性，這種傾向愈高。

由於這樣的背景因素，許多食髓知味的性騷擾上司不停地故技重施，這也是不爭的事實。險些被帶進旅館的女性逃離現場後，找人事部商量，結果自稱亦遭其害的女性職員便陸續現身，這樣的事絕不罕見。

為什麼會有人明知女性會厭惡，卻還是做出性騷擾之舉呢？而他們和不會性騷擾的人之間的差別是什麼？希望讀者們能先明白這些事。

伊利諾州立大學的約翰・普萊爾（John Pryor）心理學教授，於1987年開發出測量男性性騷擾傾向的「性騷擾預估值」，因而成為家喻戶曉的人物。

具體的做法是，設想出10個劇本，研究什麼樣的情況和立場會讓男性選擇做出性騷擾的舉動。譬如其中有個劇本的內容如下：

「你是公司的董事長，有名女性希望擔任你的祕書。這名女性熱切期盼進入公司，以懷有好意的眼神看著你。在這種情況下，你會雇用她嗎？會要求性方面的回報嗎？亦或約她用餐？」劇本這麼寫著。此研究重複舉出這樣的模擬情境，並收集男性所選擇的行動之數據。

從研究結果可以得知，有高度性騷擾傾向的男性具有以下特質：

①缺乏同理心
②具有獨佔欲，比別人更想沉浸在優越感中
③帶有男尊女卑的觀念

甚至還得出一個可怕的結論：一旦將帶有這種特質的人置於某個特定的環境之下，他一定會進行性騷擾。換言之，**這樣的人一旦處於容易縱容性騷擾行為的環境，必定會對女性出手。**

我最討厭這種人，無論與我關係為何，絕對會跟他絕交，因為生理上無法再接受他。我到目前為止主動絕交的，全部都是這種人。

就連身為男性的我都這麼想了，實際上遇到性騷擾的女性們更是無法忍受吧……。

那麼，該怎麼對付這種性騷擾上司呢？

「正能量揚聲器」技巧能夠在此發揮效用。

方才說過，「具有高度性騷擾傾向的男性們有3項特質」，對吧？「正能量揚聲器」正是利用了這些特質。

所謂的「正能量」，大家都知道，是正面的意思，「揚聲器」則是將聲音放大的器材。

事實上，性騷擾別人的人除了性方面的欲望之外，亦經常帶有對權力的欲望。它們就像車子的兩個輪子，少了一邊就無法發揮功能。換言之，如果想消滅性騷擾的行為，只要拆掉其中一邊的輪子就行了。性欲望是個人的本能，我們無可奈何，但是，倘若能夠卸除其權力欲望，或是讓他意識到可能會喪失權力，你就贏了。假如有個上司總是邀約喝酒又邀約上旅館，當他在公司過來約妳：

「某某，就今天怎麼樣？反正明天是休假……。」

這種時候，請說「嗯~~讓我想想」，慢慢地走開。

然後在約莫距離15公尺的地方，用公司內其他人也聽得到的聲音，試著這麼說說看：「我很高興您約我用餐，可是我今天身體不舒服，請您下次再約我。」此時對你性騷擾的上司，肯定會「唰」的一聲變了臉色。

不敢大聲說話的人，就近在上司的身旁說也無所謂，只要讓周圍的人知道你們的談話內容，用正常說話的音量也是可以的。要點在於「周遭的人能否注意到這段對話」。

對上司來說，他原本想做苟且之事，現在卻有種被昭告天下的感覺。若是當場還有更高階的主管在，便是再理想不過的情境。

為什麼這樣能夠杜絕性騷擾呢？因為這讓對方深受「可能會失去權力」的恐懼。被職場裡的眾人發現自己在公眾場合邀約女性職員，使他產生了羞恥心。**羞恥心是抹煞權力之物，是渴望權力者最避諱的情感。**

絕對沒有人想冒著失去權力的風險，故意性騷擾別人。如果你能鼓起勇氣，請試著大聲說出這樣的話：

「謝謝您約我用餐！但是請不要約我去什麼旅館喔。」

這句話可比炸彈。只要拿出一次勇氣，便不會再有人對你性騷擾。如果還是不敢自己說，可以請較為強勢的同事替你發聲，因為只要能昭告天下都是一樣的，請務必試著活用這個方法。

No.07

對付仗勢欺人的上司就用「領域誘導」技巧

來自上司的職權騷擾，最近被放大檢視了許多，然而在早期，卻是將這種事視為「理所當然」，草草了結，所以過去的上班族實在令人欽佩。

首先，必須先探究這種會仗勢欺人的上司，他的心理狀態為何，以了解發生職權騷擾的原因。

職權騷擾的加害者，共同的特徵是有「心態方面的問題」。

就是忍不住想攻擊特定的人，這是什麼樣的一種心理狀態呢？以下3點是能夠列舉出來的共通特徵：

①氣度狹小，沒有自信

②感覺到自己不是當領導的料

③覺得不在高壓之下，人就不會行動

如何？也許你會懷疑：「是嗎？我覺得肯定不是這樣的。」

但這是鐵錚錚的事實。如果你覺得這些心理特徵不太對勁，幾乎可以肯定的是，你已經因為上司的職位、頭銜，而落入了「權威的陷阱」之中。

請回想一下動物的世界。動物主要會在什麼時候威嚇其他生物呢？

沒錯，就是感到恐懼的時候，以及面對想要侵犯自己地盤的人，而不得不有所反應的時候。動物並不會一天到晚去做無用之爭。應該有許多人在電視上看過，即使是非洲草原上的猛獸，只要不主動刺激牠們，牠們對人類也是淡然處之，不會對我們做出任何事。

我們人類也是動物。換句話說，**仗勢欺人的上司其實是對你存有某種恐懼，或是對自己的存在意義感到懷疑。**其中可能包含了「這傢伙真狂妄」等情緒，也可能單純是「看你不爽、生理上厭惡」的心態。

基於此種心理，致使他站在自己的優勢地位發動攻擊。如此看來，是不是就可以看出「只要不讓他處於優勢地位，他就不會進行職權騷擾」呢？

「講這些做什麼，現實中又不能改變地位，有什麼用啊……。」說這種放棄的話未免還太早，能夠運用在此的技巧是「領域誘導」。

聽過A・柯修曼（A. Kirschmann）這位心理學家的名字嗎？從事色彩相關職業的讀者，一定知道才對。

柯修曼提倡的色彩對比法稱為「柯修曼法則」。此法則旨在說明，某個顏色會受到鄰近顏色的影響，而改變了看起來的感覺。比方說同樣是黃色，放在黑色背景和放在白色背景相比，放在白色背景時看起來更加鮮明。

說明此對比效果時，一般將「某個顏色」稱為「檢查領域」、「測試色」，而造成影響的「鄰近顏色」則稱為「誘導領域」。

那麼，該如何運用「領域誘導」技巧來對付職權騷擾呢？

請試著想像，假設你是上司，有個不合你意的下屬，你對這個下屬有事沒事便做出職權騷擾的行為。

而你今天也準備去找那個下屬，想要任意地欺負他。

但是當你接近他的位子時，他正在與老闆融洽地說話。然後眼神飄了過來，向你微微示意。好，看見這個情景，你有什麼感覺？

會不會心想：「他怎麼和老闆關係那麼好……？」難道不會心驚膽顫，擔心老闆抓住你仗勢欺人的小辮子嗎？

沒錯，像這種想利用自己的地位優勢來仗勢欺人的上司，照理來說最害怕的就是這種狀況。

這就是「領域誘導」營造出來的效果。**明明一直以來排在自己後面的人，背後卻有老闆撐腰，想到這裡，他便倏地驚覺「不可以對這個人出手」。**

不過，該怎麼和老闆拉近關係呢？不不不，不需要努力和老闆交好。只要看準職權騷擾上司差不多要來欺負人的時候，找到路過的老闆或高級幹部，提起「老闆，您的興趣是高爾夫球對吧？其實我買了某某品牌的球桿，您覺得它怎麼樣？」這種和工作無關的話題即可。

如果是他有興趣的事，必定會得到「噢，你也打高爾夫球啊？」這種回應。而且老闆此時多半是「面帶笑容」的，看在上司眼裡，就會覺得你們「感情不錯」。當然，採取這個技巧前，必須先調查老闆和高級幹部的興趣、喜好，若是多做這麼一點努力就能讓「領域誘導」技巧成立，進而消滅職權騷擾，豈非美事一樁？

我相信一定有某些人「不敢這麼隨興地和老闆、幹部說話」，但肩負這種頭銜的人，其實意外地偏愛和自己隨興攀談的下屬。

將過去的常識暫時擺到一旁，只要你展開行動，一定會「慶幸自己實踐了」，並且對這項技巧滿懷感謝。請試試看吧！

No.08

讓別人衷心喜歡你的情緒感染力

「這傢伙雖然有些地方冒冒失失的，卻不惹人厭，最重要的是工作認真。」如果能讓上司鬆口說出這麼一句話，可以斷言，肯定是「情緒感染力」（emotion infect）的功勞無誤。

有人明明也沒做什麼特別的事，卻在組織裡莫名地討上司歡心。理由或許有千百種，不過如果有意識地使用「情緒感染力」這項技巧，便能獲得同樣的結果，請務必實踐看看。

emotion是指「情緒」，infect則是「感染」的意思。換句話說，這項技巧是使對方感染你的情緒，進而喜歡你的一種技術。

請容我介紹加州大學聖塔克魯茲分校的名譽教授，埃利奧特・阿倫森（Elliot Aronson）這位心理學家所進行的實驗。

首先，錄製一般人回答謎題的兩種不同版本影片，讓受試者觀看。第一個版本是連續答對謎題的影片。第二個版本同樣也是接連答對謎題，但最後卻不小心打翻放在桌上的咖啡。

影片就到這裡，接著問受試者「對哪個影片裡的人較有好感？」

是的，正如你所感受到的，結果是第二個版本「最後打翻咖啡的人」贏得了較多好感，其數字竟然高達第一個版本的2倍。

換句話說，**比起完美的人，多數人對於有缺陷的人更有好感。**展現出失敗和弱點，其實好感度反而會提高。

這就是情緒感染力。比方說公司內正在開會，明明準備了所有人的資料，卻唯獨忘了帶自己的那份，慌慌張張地去取，這還不算什麼。如果因為過於慌張而摔跤、一頭撞上牆壁的話，便會使人雖然心想「這傢伙在搞什麼啊」，同時卻又對他「冒失卻十分拚命這點」抱持好感。

這在漫畫和電影當中，也是塑造角色時常用的手法，主角一定會呈現出某個弱點。例如蜘蛛人，儘管擁有超乎常人的能力，精神上卻尚未成熟，這也是他的魅力之一。最近日本的「假面騎士」系列也跟上了這股風潮，不再是初代系列那樣完美的人格，而是一併刻劃出人性上的弱點。

只不過，為了確實讓上司的情緒「感染」這種不成熟，有一項鐵則必須遵守。那就是你自己「能確實做好工作」。若明明沒有工作能力還實踐這項技巧，就只是單純的惹人厭，不可不慎。

假設你有下屬好了，可想而知，總是能幹有為的下屬即便偶爾失敗，你也會想扶他一把，為他加油，對吧？可是反過來，既不認真對待工作，做事情又老是拖拖拉拉的下屬要是失敗了，是不是只會氣不打一處來呢？

其實若是女性使用這項技巧，可以再更進一步。

「某某，聽說這件事現在進行得不順利？沒問題吧？」

「我沒有自信能把這件事辦好……您能不能給我什麼建議呢？」

這時候請露出些許愁容，做出肢體接觸。重點在於以雙手輕握住對方的手腕或前臂，就像跟人撒嬌「拜託」時，常見的那種感覺。這將一舉擒獲男性上司的心。尤其異性之間的情緒感染力特別強烈，包準讓他立刻喜歡妳。但是如果做得超過了，也有人會誤以為「哦，她對我有意思」，因此請十足地小心。

這種輕微接觸的舉動稱為「潛意識接觸」，重點主要還是在於「輕微」兩字。讓對方幾乎察覺不到的那樣輕微。

在法國的研究中經實驗得知，不論男性、女性，輕微碰觸對方手臂後，使對話聊得更起勁的機率達2倍以上。

此外，實驗證實，男、女服務員輕輕碰觸客人的肩膀或手臂，將可以得到更多的小費。我以前在香港管理酒吧的時候，曾經實踐過這個方法，果真沒錯，輕輕鬆鬆就多賺了小費，效果有保證。

情緒感染力可以用在各種場合，請務必試著加以活用。

No.09

向上司提交報告書的鐵則

簡單、明瞭、扼要

有一天，你被上司叫去，說了這樣的話：

「喂，你！鬼才知道這份報告書想說什麼。重做！」

你可能感到不滿，覺得：「用詞得體，也附上圖表，還在數字上費盡心思，好不容易才做出來的，用不著說成這樣吧？」

然而，現實問題是，就算你再仔細地做報告書，對上司而言均無關問題的本質。對他來說，重要的是「明白重點」，而不是報告書「做得多好」、「看起來多美觀」。

其實我們有極高的風險陷入拚命做這種「好看的報告書和資料」的陷阱裡。而潛藏於內心深處的原因，是因為有著「想得到上司認同，向上司展現自己的聰明才智」這樣的意識。

有這麼一句極好的教誨——欲速則不達。如果想向上司展現自己是「能幹的人」，正確的做法是「絕對不要做出只想耍聰明的資料」。真悲哀啊，從你想賣弄聰明才智的那一刻起，報告書、資料這些東西就會變得「很蠢」。讓我介紹一段可以說明箇中緣由的故事。

2003年在史丹佛大學，進行了一項非常單純的實驗，讓75名學生閱讀2篇文章，並詢問他們的印象。

①以樸素語言寫成的文章……〔例〕今天天氣很好。陽光照在身上很溫暖。

②文章內容和①相同，但寫法艱深的文章……〔例〕今日心情愉悅萬分，天氣亦晴朗無雲。抬頭仰望天空，有著和煦的光暈，燦爛的光芒灑落大地，耀眼地教人無法睜開雙眼。

讓學生看完這2篇文章，再詢問他們認為寫哪篇文章的人感覺比較聰明，結果多數學生回答愈簡單的文章「感覺愈聰明」，而愈是使用艱澀語句的文章「感覺愈笨」。

如果這是小說等「文學性」作品，肯定會選2吧。但是，現在要寫的是提交給上司的報告書和資料。世界上有很多人認定，使用愈難的詞彙，看起來愈聰明，其實恰恰相反。

人腦這種東西，討厭困難的事情。愈簡單的表現，頭腦愈容易抱持好感。因此，文章愈簡樸愈好。

你在看書的時候，一定也會有感覺「容易閱讀的書」和「不易閱讀的書」。你一定有過這種閱讀經驗：頁數遲遲沒有進展，基本上都是艱澀字詞的堆砌，看在眼裡卻進不了腦子裡。

我們使用的語言亦然。愈是自以為聰明的人，愈傾向使用艱澀的語彙。例如：「關注於可用客觀性觀察記述其關聯性的行動主義心理學，與對於受到來自外部刺激所引發之生理反應變化的學習研究，可相互搭配。」

嗯，約略知道在說什麼，但是卻讀不進腦子裡，對吧？

認定自己聰明的人們，雖然用這種語言在腦海裡記憶，卻沒有加以領會並傳達給對方的能力。若是真的聰明，理應有辦法將艱澀的字詞消化後，以簡單易懂的方式告訴對方。

那麼，將方才的文章咀嚼消化之後，用簡單易懂的方式來說，會是如何呢？

「不重視由外表無法觀察到的『內心』，而是專注於任誰一看就能明白的『行為的關聯性』，這樣的心理學，與『外界給予刺激，身體就會產生反應』這種一般性的研究，可以相互搭配。」

怎麼樣？是不是比一開始的文章更容易吸收呢？

也就是說，使用艱難的詞句，只會讓人覺得「這傢伙只是想炫耀自己的知識，絕對沒有考慮到我」。

如果對於靠自己加以簡化的文章還是沒有自信，這時請問問看別人，那篇文章的意思。倘若覺得那人所說的話容易理解，直接將其寫成文章即可。

給人聰明印象的關鍵是以下3點，請務必銘記於心：

❶簡單……單純易懂

❷明瞭……簡潔、清楚

❸扼要……最精簡

No.10 讓頑固上司不再堅持己見的 MAX AGLA

「要說幾遍才懂啊！這種企劃行不通。所以我一開始就說了，憑你的經驗哪做得來……。」

若是第一次被這樣講，則姑且不論，如果說在上司的指示下改過好幾次企劃，依然完全得不到贊同，這種情況肯定會讓你挫敗不已。

倘若真是你的企劃有問題，也只能認了，但的確有那種除非投己所好，否則便將下屬的企劃盡數打回票的頑固上司。

這種上司簡單來說，他認為自己的想法全部正確，你的想法則全盤皆錯，腦子裡除此之外別無其他。碰到這種上司，真的很辛苦，而在他們底下工作的下屬，換工作的機率是頂尖的高。

那麼，要是碰到了這種上司，該怎麼做呢？

請務必將「MAX AGLA」這項技術活用於此。

MAX AGLA的「AGLA」是下面4個字的簡稱。

- ACCEPT……接納
- GRASP……理解
- LIVE TOGETHER……友好
- ADVICE……諫言

取這4個字的第一個字母就變成「AGLA」。然後冠上「MAX」之名，意為將這4種行為發揮到極致。

頑固上司的基本特徵是對他人的意見充耳不聞、堅持己見、不肯承認錯誤，不過使用這項技巧後，應該能夠切身感受到，其實可以輕而易舉地操控他們。

首先，關於「接納」這件事，頑固上司都認為自己的想法是對的，通常我們會忍不住對這種上司採取反抗的態度，但是請你暫且接受他。就想著「沒辦法，他就是這樣的人」，絕對不要嘗試去改變上司。你們之間需要的是共識，當感受到你與他有所共識，頑固的上司也會逐漸地敞開心房。

接著，請好好「理解」上司。頑固上司還有一個特徵，他們多半有著自己的堅持，是認真踏實地面對工作的人。對於自己能夠認同之事，多數時候也會二話不說地改變自己的想法。若是他能夠接納你，將會成為你的夥伴。

到了這一步，接下來請推動你們之間的「友好關係」。幾乎所有頑固上司都是討厭鬼，也就是說，他們孤獨自處。如果你願意讚揚上司，愈發能加深你們的關係。這也是為了你今後的職場環境著想，現在請忍下這口氣，努力與上司打好關係。

最後是「諫言」。要去求取諫言。

「我試著查過這個部分，可還是不明白，不好意思，您能教教我嗎？」

這樣的一句話，會讓頑固上司歡喜在心裡。因為他也察覺到自己「被敬而遠之」，光是有下屬願意依賴這樣的自己，就能讓他解釋為「這孩子是個可造之材」。

你是否聽說過安・沙利文（Anne Sullivan）這個人呢？

安・沙利文是偉人海倫・凱勒的家庭教師，也就是人們所熟知的「沙利文老師」。海倫克服了眼、耳、聲道等多重身體障礙，而在背後支持她的安功不可沒，至今仍為世人所稱頌。

由於海倫・凱勒的身體缺陷，誰也不願與她為伍，在她心門緊閉之時，安每天來拜訪她，終於使海倫敞開心扉。她所使用的，**儼然是MAX AGLA這套技術——接納海倫的身體缺陷，理解她，與其加深情誼，而且也依賴海倫。**

順帶一提，日本也有出版撰寫海倫・凱勒生涯的書籍，書名叫做《奇蹟之人》（奇跡の人）。這位奇蹟之人，其實不是指海倫，而是家庭教師安。

為了達成「打動頑固上司」的目的，似乎需要用安・沙利文這樣方式來對待他們。不妨閱讀一下關於安・沙利文與海倫・凱勒的書籍，書中勢必隨處可見MAX AGLA的真髓。

尤其這項技巧，據說女性施展起來比男性更為有效。不過，若是沒有保持一定的距離，將使人想入非非，不可不慎。

No.11

保證能拉攏上司的
亞倫試題

凡是在企業上班，就會碰到各種形形色色的上司。書店也有許多教導如何和上司保持良好關係的書籍。

不過，只要學會了這套「亞倫試題」，便能輕易地拉攏上司，我個人十分推薦。

這是紐約州立大學的阿瑟・亞倫（Arthur Aron）博士所發表的內容，研究關於「能盡速與對方變得親密的方法」，**最終嚴選出33個「最能消除隔閡的問題」**。而這33個問題經過反覆實驗，應證了確有成效。

我們要和對方變得親密，首先應該關注什麼呢？

只有2個重點。

・將自己的事開誠布公
・建立信任

將自己的事情開誠布公，換言之，就是展露自我，毫不保留地讓對方瞭解你。而建立信任，就是構築起互相信賴的關係。

聽起來或許理所當然，然而，我們往往容易流於自我中心，也常常不由自主地去想「那對我是吃虧還是佔便宜」。一旦如此，便無法順利建立起關係。

請務必記住這些能實現亞倫博士所提倡的「展露自我」與「建立信任」的問題，然後試著改為合適的措辭（請勿改動問題內容），應用到上司身上。從第一個問題循序漸進、慢慢花時間問下去，效果更佳。光說不練可不行，下列33個問題，請想像成我在提問，試著回答看看吧！

▼亞倫試題

①如果你可以邀約任何人與你共進晚餐，你會找誰？

②如果你能夠出名，希望以什麼方式出名？

③在打電話之前，你是否曾經預演過自己要說什麼？如果有，是為什麼？

④如果要過「完美」的一天，那會是怎樣的一天？

⑤你上一次獨自唱歌是什麼時候？唱給別人聽的是什麼樣的歌？

⑥如果你能夠活到１００歲，而你能選擇保有30歲的「身體」或30歲的「心靈活力」，你會選擇保有哪個？

⑦你是否曾經想過自己將如何死去？

⑧如果你和我之間有共同點，會是什麼樣的共同點？請說出3個。

⑨你最感激的事情是什麼？

⑩如果你能改變你的成長環境，你會想改變成什麼樣子？

⑪花3分鐘時間告訴我你的人生故事。

⑫明天一早醒來，你可以忽然增加一個你喜歡的能力。你希望會是什麼能力？

⑬假如有一個神奇的水晶球可以告訴你所有事情。你想知道什麼事？
⑭有沒有什麼事情是你夢寐以求想做，卻還沒做到的？
⑮你人生最大的成就是什麼？
⑯在友情中，你最重視的事情是什麼？
⑰你人生中最珍惜的是哪一段回憶？
⑱你人生中最糟糕的是哪一段回憶？
⑲如果你知道自己只剩下一年的壽命，你會去做什麼？為什麼？
⑳友情對於你的意義是什麼？
㉑愛情對於你的意義是什麼？
㉒請舉出我的5個優點。
㉓你和家人的關係親密嗎？你覺得小時候的自己，過得比其他家庭的孩子更幸福嗎？
㉔你與媽媽的關係如何？
㉕如果我們即將成為朋友，你想知道我的什麼事情？
㉖請告訴我你覺得我哪裡不錯。或是坦白說出我糟糕的地方。

㉗與我互相坦承人生中最羞恥的事情。
㉘你上一次哭泣是什麼時候？為什麼而哭？
㉙請告訴我，到目前為止的對話中，在我身上感受到哪些正面特質？
㉚對你而言，哪些事情開不得玩笑？
㉛如果你今晚就會死去，不為人知，你想要留下什麼話，給誰？
㉜你遇上火災，救出了家人和寵物。如果你還能再從家裡帶出一樣東西，你會選擇拿什麼？並告訴我選擇它的理由。
㉝家人當中，你最不希望看到誰死去？為什麼？

以上33項提問，如果你方才一邊回答這些問題，一邊看到了這裡，那麼你應當已經與我建立了某種信賴關係。

這些問題，在酒席、餐桌上進行格外有效。還請務必一試。

No.12

讓上司閉嘴的「高速說話」技巧

「今天開會的進展如何？」

「呃……好的，您稍等一下……（翻找資料）基本上沒有問題。對方也同意這筆預算……。」

突然被上司點名問問題，有的人便語無倫次了起來。這種表現，即便上司懷疑起你的能力，也怪不了誰。你將被貼上所謂「工作能力差」的標籤。到了那個地步你就完蛋了，以後肯定不會再將重大的工作交託給你。

能夠迅速回答上司這樣的問題，靠的是長年累積的經驗。不過如果是沒經驗的人，也是有一種技巧，讓你只要稍微抓住幾個簡單的要點，就能給人工作能幹的印象。

事實上，要給人工作能幹的印象，只要「盡速回答上司的問題」即可。

２０１５年，位於澳洲布里斯本的昆士蘭大學，做實驗證明了這一點。

首先聚集４１７名學生，測試他們的性格與ＩＱ，接著請所有人「說出最多的寶石名字」，或讓他們做「一般性的解謎」，記錄下全員能多快回答出來。

結果得知了以下事項：

- 能愈快回答問題的人，被認為愈聰明
- ＩＱ高低與答題速度無關
- 性格優劣與聰明與否無關

這表示，與實際上聰不聰明無關，單純努力地「加速回答問題」，別人就會覺得你聰明。

這項研究小組的組員這麼說道：

「別人是否覺得你『工作能力強』，和聰不聰明並無關聯。實情是，就算有高度的解題能力，別人也不會覺得你『工作能力強』。如果想讓別人認為你有工作能力，只要瞬間回答出提問、問題即可。」

也就是說，可以不必在意答案的對錯。反正迅速回答對方的提問，上司就會覺得「這傢伙工作能力不錯哦」。

「不是啊，如果對方後來發現回答的內容牛頭不對馬嘴，那也不行吧？」

相信你一定會這麼覺得吧？

那麼，我先舉個例子。請和剛才的對話比較看看。

「今天開會的進展如何？」

「嗯，很順利。對方也說在預算之內。您要看看資料嗎？」

如此說著，一邊拿出資料加以說明。明白和剛才有什麼差別嗎？

是的，雖說無論如何，必須拿出資料才能做說明，但是快速回答，還是拿出資料才開始說，給人的印象有如天壤之別。

得心應手之後，有些人即使不怎麼記得開會的內容，也會這麼回答：

「嗯，非常完美。再15分鐘我就能處理完手上的案子，稍後便去您的位置說明進度。」

怎麼樣？有沒有覺得，只要不管三七二十一迅速回答出來，便顯得自己對開會內容瞭若指掌似的？把說明延後，趁此期間重讀資料即可。你不覺得，只要推遲說明的時機，事情就會變得非常簡單嗎？

總之，面對問題就是要如此快速地做出反應，此乃讓別人覺得你「工作能力強」的關鍵。上司對於工作能幹的你，想必也是無可挑剔。

另外一個希望各位掌握的重點，就是盡量加快語速。

高語速有壓制對方回嘴的效果，前面所說的「延後說明」的技巧，也是說得愈快愈能發揮效果。

只不過，基本上，說得快也經常給人「不可靠」、「不值得信賴」、「沒有自信」的印象。所以，一般而言，我建議加快語速只在「緊要關頭之時」。

平時請盡量注意「徐緩」、「沉穩」地說話。

第2章

控制下屬的神支配技巧

No.13

對拖拖拉拉、不服從指示的下屬運用

精準型比馬龍效應

「某某，那個案子的資料做好了嗎？」

「啊……呃，沒有，還沒做。」

「我不是說了很多次，明天會議不能沒有這份資料！沒有資料，會就開不下去了。所以我才叫你趕快做，為什麼不早點開始做呢？」

「我想說，今天做應該來得及……。只要在今天內完成就行了吧？」

如果這樣的對話，發生在你和你的下屬之間，那麼高層覺得你不會管理下屬已是遲早的事。

當你在公司擁有自己的下屬，即有一定機率碰到這種不遵從你指示的人。若次次都發火，也會累積壓力。

近來人才難尋，高層皆勒令「不可讓底下的員工辭職」，有下屬的人，應該是越發難做了。

其實，要讓下屬做事並沒有多難，可如果搞錯了方向和方法，補救起來非常辛苦，因此必須萬分注意。

如果你的下屬不聽你的指示，或是不遵照指示行事，請務必試試看「精準型比馬龍效應」。

首先，所謂的「比馬龍效應」簡單來說就是：人類愈受到期待，愈會努力回應，這是教育心理學中的一種人類心理。

「你的能力太強了！這案子交給你，肯定能成功。你是我們公司的優秀人才，我對你真的有很高的期望！」

要是聽見上司這麼說，應該有相當多人會備受鼓舞，想要回應這份期待吧？

但是，這種比馬龍效應的「範圍」有些過於寬廣，事實上，也有一些人並不會被這番話打動。理由是，儘管聽到「很期待你的表現」而產生了幹勁，卻也可能一頭霧水，搞不清楚別人「期待我的什麼表現？」。就算想回應期待，也不知道該回應哪個部分、該發揮自己什麼樣的能力。

其實很多上司都落入這個陷阱，雖然知道比馬龍效應，但付諸實踐後下屬還是叫不太動，因而陷入進退兩難的局面。

為了避免此種情況發生，一定要將「精準型比馬龍效應」用得爐火純青。所謂的精準，完全是字面上的意思：**說話的時候，具體指出對方厲害在何處，並對此賦予高度期望。**

相對於一般的比馬龍效應——「你的能力太強了！這案子交給你，肯定能成功。你是我們公司的優秀人才，我對你真的有很高的期望！」，精準型比馬龍效應採用的說法則是：

「你的計算能力和分析能力實在很強，太優秀了！下一個專案的時候，希望你能盡情發揮所長，搞定企劃書裡面的數字及營運費用。」

這之間的差異一目瞭然，下屬也能輕易理解「自己該在哪個部分發揮什麼樣的實力，以及上司期待的是什麼」。

「可是我希望他在其他部分也能夠發揮實力，除此之外，還有很多事情要做啊……。」我想一定會有人這樣反駁吧。

放心。請先聚焦於對方的能力，讓他精準地發揮出實力。人類具有想要回應「多餘期待」的特質，當把一件事情做得無懈可擊時，就會開始蠢蠢欲動，期待下次能有別的發揮。

「某某長官，您指示我做的資料分析全都做好了。」

「哦，果然拜託你是對的。能幹的人做事情就是快。很好。如果你還能做其他部分的話，我也想交給你做，可以嗎？」

如果你是下屬，上司都說到這個份上了，我想你一定明白，當下會有什麼感想，又會如何回答。

對於管理方來說，雖然是迂迴的做法，可如果能讓下屬拿出幹勁，欣然聽從你的指示，都算便宜的了。

No.14

想不被人看輕與瞧扁就靠
鯊魚籠效應

來到夏威夷的北岸，有一項水上活動叫做「觀鯊」。說不定你也曾經親身體驗過。

為了看鯊魚，從船上垂下可容納數人的籠子，參加者進入籠內，在海裡與鯊魚群相見歡。

當然，觀賞的鯊魚是相對溫和的種類，不過有些地方甚至能觀察到電影《大白鯊》中赫赫有名的「白鯊」。只是，這種大白鯊一旦亢奮起來，也有可能將籠子咬毀，想一併品嚐這種戰慄滋味的人亦是絡繹不絕。

如果你曾經體驗過這種鯊魚籠，應該聽過工作人員這麼說：「就算在籠子內，也請不要刺激鯊魚。」

言歸正傳。不管哪個時代，職場上總是存在著煩惱的根源。其中之一便是：

下屬當中必定存在著一些瞧不起上司或前輩的人。

加之最近大家動不動就把黑心企業、職權騷擾掛在嘴上，鬧得雞飛狗跳；怕年輕員工辭職，給予從前上班族所無法想像的待遇；員工動不動就嚷嚷著「不幹了」，被上司拚命「好言慰留」的這些神奇現象不時上演。

為什麼會不把上司當一回事呢？有些人認為，這是因為「上司做了會被瞧扁的事」。當然，這可能也是部分原因，不過基本上這是錯誤的觀念。

首先，希望大家留意到一點，年輕人本就普遍「看不起」上級。

請你也務必回想一下自己的過去，即便沒有表露出反抗的態度，但是在你心裡，對於上司和前輩，是不是也曾經覺得「為什麼必須聽這種人的話」呢？

其實**年輕人露出瞧不起人的態度，乃是基於想要認定「自己比較優越」的心理。**他們渴望在與人的關係中，擁有「堅定不移的自我」，卻又無法辦到，可說是為了中和這種「焦慮」，而採取的一種迴避手段。

所以，讓我們記得，別人露出瞧不起人的態度，並不是你的錯。重要的不是「他們的態度」，而是領受之後的「你的態度」。

如果對方擺出瞧不起人的態度，你就迎合上去的話，別人在心裡就會想：「哦？怎麼，這傢伙也沒什麼了不起的嘛，怕了是吧？」

若演變成這樣，下次他就會大搖大擺地來「瞧扁」你。

這裡讓我們回到鯊魚籠的話題。一旦形成這種狀態，籠子裡的上司就會刺激到鯊魚下屬，下屬們將展開攻擊。

不能讓事情演變至此，必須讓立場逆轉過來。不是把下屬當鯊魚，必須把下屬放進籠子裡。然後由上司化身鯊魚，在下屬「看扁人」亦即刺激上司的時候，倏地轉守為攻。比如，假設你有個下屬，你約他喝酒，他卻總是臨時放鴿子不來參加。明明說好要參加，然而不出所料，又是老樣子，臨行前才來拒絕。

「某某長官，真是不好意思，我今天身體不舒服，還是不去了。」

來找你說的，一定是類似這種內容吧。此時你應該說：「是嗎？那就沒辦法了，我知道了。」……才怪。

若是下屬來說這種話，請你先沉默一段時間。然後吸足滿滿一肚子氣，放聲咆哮：

「喂，你的腦子在想什麼！不是你說要參加的嗎？身體不舒服這種事，要到快出發前才會知道嗎？位子都訂好了，你說怎麼辦！」

重要的在這之後。只要這一瞬間咆哮就夠了。再來請「突如其然」恢復和善的口吻：

「……算了，既然身體不舒服也沒辦法。好好休息，明天好工作。」

要徐徐說出，彷彿溫柔地開導他。從盛怒的巔峰急轉直下，演繹出菩薩般的慈祥，這電光石火之間的轉換，差別愈顯著愈好。

這時候，你覺得下屬的心裡，會呈現何種狀態呢？

答案是「這個上司平時雖然溫和，發起飆來可能不太妙……」。

波蘭的奧波萊大學在1998年的論文裡，提倡了一種叫「FTR法」的技巧。這種心理手法的基本概念，是塑造「由恐懼到安心」的心理狀態。至於是如何實驗的呢？是驚嚇路人，在路人嚇一跳之後請他們回答問卷。結果，比起在正常情況下要求回答問卷，回答率增長至2・5倍。

利用這種鯊魚籠效應，可產生與FTR法同樣的效果，兩者之間的明顯差異在於，不只由恐懼到安心，還會再發展為「固定性的恐懼」。

請務必成為別人心中「發起飆來不太妙」的上司。

No.15 讓人不得不答應離譜要求的 DTR

①「這份資料上刊載的商品，現在只要5千元。」

②「這份資料上刊載的商品，只要50張100元就能帶回家，很划算喔！」

這兩者說的幾乎是一樣的內容，哪一邊會讓人聽了之後掏錢購買呢？

正確答案是②。實驗結果顯示，以最一開始的普通說法，實際購買的人約莫4成，換成②的說法時，購買人數卻超過8成。你或許會感到不可思議，不過既然效果經過實證，也無須質疑。

這叫做「DTR」，取自「Disrupt Then Reframe」（修補混亂）的頭一個字母。**這項技術是讓人短暫地思考紊亂後，立刻修補，在修補的那一瞬間，注入目的性話語。**

這裡所說的目的性話語，以方才的案例指的便是「很划算喔！」這一句。

1999年史丹佛大學所進行的實驗，交給參加自由市集的參加者8張卡片，要求他們用3美元賣出全部的卡片，並指示他們用下面兩種版本的說詞：

❶「8張卡片3美元。」

❷「8張卡片300便士。很划算喔！」

❷的說詞用了DTR，銷量果然達到了8成。

那麼，對下屬用DTR時，該怎麼做呢？

「某某，這筆交易的資料，2小時45分鐘之內幫我整理好。」

當然了，對當事人來說，可能會覺得是天方夜譚，而你要將這段話說成：

「某某，這筆交易的資料，165分鐘後幫我整理好。這點小事，你應該做得到吧？」

怎麼樣？是不是忽然覺得「好像做得到」呢？

當你將2小時45分鐘，用「165分鐘」說出口的那一刻，下屬旋即思索起「165分鐘是多少時間啊？」，此時一句「這點小事，你應該做得到吧？」即飛入腦子裡，於是一個不小心便答應了上司的要求。

只是要注意一件事。

DTR是讓對手混亂後，旋即進行修補，也就是說，這種情況必須馬上加上「補強的句子」。一旦給下屬思考的時間，大腦就會冷靜下來，這招便會失效，所以用的時候請小心。重點在於說得迅速俐落、一氣呵成。

順帶一題，我在網路上也嘗試過這種手法，結果成效不彰。還是不能給對方思考的時間，從我個人的實驗結果也應證了這一點。請最多就是作為「面對面時的技巧」來使用。

利用混亂制伏對方的DTR，是能夠實際體驗到心靈操控、簡單無難度且任誰都能實踐的方法。請務必找機會試試看。

No.16

讓下屬主動拿出幹勁的「鞏固人物形象」技巧

「那小子是認真想做事的嗎？回個話也七零八落的，實在不覺得他有心要做……。」

如果你的心裡面有個聲音這麼說，你的直覺應該八九不離十。人類的心態其實會直接反映於身體的動作，若是在旁觀察了一段不短的時間，感覺「這傢伙無心做事」，這個下屬就是貨真價實的「沒幹勁」。

事實上，人們提不起幹勁時，大都分為以下3種情況。首先請將這點牢牢記在腦海裡。

①看不見目標……就算想拿出幹勁，不知道方向便提不起勁

②目標太高……對方一開始就覺得「這沒辦法」、「絕對無法達成」，未做就先放棄

③自我印象極度低微……實在太過自卑，一開始就沒有鬥志

講得極端一點，只要能克服這3點，幹勁就來了。

常有人說，激發鬥志需要「自發性動機」，但是，等到當事人找到「自發性動機」，不知道得花上幾年。雖然是正確的心理學途徑，但是作為即刻戰力並不是很好用，這是不言自明的事。

那麼，如何能讓人拿出幹勁呢？其實，只要平息對方的「混亂」，幹勁便呼之欲出。下面就來仔細說明吧！

人類這種生物，非常不擅長應付「飄渺的事物」。例如，所謂的靈異現象，就是飄渺不定的。正因為如此，人們才會企圖查明這些不確定的事物。

比如說，是否有靈魂的存在？其實想一想，這種「存不存在」的議論說穿了幾乎是懸案，但人類還是想憑科學之力解釋，有些人則是從量子力學的觀點來剖析。明知幾乎得不到答案，還是執意為之。

此外，根據2005年美國加州所進行的實驗，據說碰到不確定性事物時，人類的腦會產生與被老虎、獅子襲擊時相同的反應。這代表人類是如此地討厭不

確定的事物，偏好篤定之事。

說到這裡，我想你也明白了，**要激發人的幹勁，最簡單、速效的方式，就是幫他將這種「不確定」的情緒，轉換成「確定」之物。**像方才列舉的提不起勁情況①「看不見目標」的部分，正是不確定性事物，相信這應該不難理解。所以，針對這點，最好由你「事先準備好簡單的提案或解決辦法」。

例如，即便設定了很高的目標，也要教他劃分為詳細步驟，引導他按部就班，用簡單的提案與辦法來解決。只要能做到這點，自然能提升情況③的「自我印象」，從而跳脫提不起勁的迴圈。

再來，要讓對方提起幹勁，還有一個「鞏固人物形象」的方法。2004年史丹佛大學所進行的實驗，在美國總統大選的前一天，對投票者拋出了2種版本的問題：

❶「明天是投票日，去投下神聖的一票，這件事對你來說有多重要？」

❷「明天是投票日，你是投票者，這件事對你來說有多重要？」

兩邊都是問一樣的事，差別只在於是用動詞（投票）還是名詞（投票者）來詢問。實驗結果得出，用名詞詢問的那一組，確實前往投票所的比例，足足多出了11％。

換句話說，名詞比動詞更容易彰顯人們的人性。

投票充其量是一種「舉動」、「行為」，並不構成明確的行動，相對於此，「投票者」這個詞，則會在人的心中產生明確的人物形象，由此衍生出必須符合該形像的義務感。

極端地說，給沒有幹勁的部下取個「積極哥」的綽號，動不動就說「哦，不愧是充滿幹勁的積極哥，真可靠！」如此反覆的過程中，當事人心裡就會逐漸產生必須積極的「義務感」，實際出現變積極的現象。

No.17 讓不聽話下屬遵從規範的死亡形象

看看世界上的新聞，為什麼感覺起來，比起幸福的事件，不幸的事件更為氾濫？

「就像有句話說『別人的不幸甜如蜜』，電視台為了提高收視率，播放不幸事件更能受大眾青睞。因為品嚐別人的不幸，便能細細吟味自己的幸福。」

相信你一定也曾不只1、2次聽過這種話吧？

這個說法雖然對了一半，也錯了一半。其實，並不只是這樣。

此處將進入洗腦術的世界，老實說，甚至有言論指稱，新聞節目是國家用來讓民眾服從的計策。而此處的重點就在植入「死亡」與「不幸」的印象。這個說法認為，幾乎每天播放的死亡事故和事件，就是為此而存在的。

話說回來，為什麼這種「死亡」的印象，會讓對方乖乖服從呢？

其實在心理學的世界裡，有一種被稱為「恐懼管理理論」的思想。人類是害怕死亡的動物，光是看見新聞報導別人的死亡意外，也會顯得無比慌亂，最終意識到，要更加遵守社會規範。

美國斯基德莫爾學院的謝爾登・所羅門（Sheldon Solomon）教授經由實驗發表了結論，意識到「死亡」的人，可觀察到其心理出現以下變化：

①更願意遵從自己所隸屬組織的規範

②對非自己所隸屬的組織降低認同感，增加了敵對心

也就是說，**讓人服從規範最簡單的方法，就是對其植入「死亡」的形象。**舉例而言，假設你要捐款，數目隨意。如果是下面兩者，你要捐給哪一個？（前提是對兩邊都沒有特殊的情感。）

❶「為了在避難所興建學校，以此幫助難民，請捐款給我們。」

❷「幾乎每天都有30名孩童死於戰爭。他們正飽受著痛苦、憂愁，流著眼淚祈求你的幫助。請捐款給我們。」

相信你現在一定想把錢捐給[2]。為什麼？因為它在你的心裡深深種下了「死」的形象。

那麼，這裡我們就來看看，你該如何對下屬塑造「死亡」的形象吧！

「某某，你為什麼老是不聽話呢？你這樣豈不是給整組人添麻煩嗎？關於這一點，你是怎麼想的？」

「不，因為我覺得這個做法最好，為了做出成績，我會將此做法貫徹到底。我完全沒有要給同組人員添麻煩的意思。」

變成這樣就會陷入膠著狀態，想由現狀再進一步都很困難。想必上司與下屬之間的信賴關係也會不斷惡化。但若是運用「死亡」的形象，情況就大不相同了。

「某某，我明白你想堅持自己做法的心情。若是這樣能做出成績，我也無話可說。但是，有件事我一定要先說給你聽。以前曾經有一個下屬用你這種做法，上司也默默地讓他去做，結果給全組人找了天大的麻煩，那個上司便引咎辭職了。若只是這樣也沒什麼，可是，後來那個上司養不活家人，導致家庭分崩離析，這讓他痛苦萬分，然後就自殺了。我很清楚你想貫徹自己的做法，想必你也很有自信，但是，一次的失敗，有時也能將人逼上絕路，希望你能懂得這個道理……。」

好了，聽到這番話，下屬還會堅持貫徹自己的做法嗎？勢必會轉而妥協吧！

「死亡」的形象就是強烈至此。它會使人萌生想為自己隸屬的團隊、組織貢獻的心情，有壓抑個人小我的效果。

黑手黨、地痞無賴、黑社會這類流氓組織之所以能團結一致，均仰仗於這種「死亡」形象，我想這應該不難理解。

倘若失敗、打破了規定，就必須以「死」償還。如果有家人，連其家人都要受累，嚐到「死亡」的滋味。正是因為帶有這種意象，連地痞流氓也會聽話，將規定奉為圭臬。

雖然我們沒有必要效法這種反社會勢力，不過，其固若金湯的組織力、無堅不摧的團結力，總是與「死亡」的形象息息相關。你現在知道這種手法的成效有多驚人了吧！

No.18
幫你塑造「可靠上司」印象的
體現認知

「說真的，那個蠢上司的做法有夠渣，真的是浪費時間。」

「我的工作能力絕對比他強，拜託一下，讓他去別的部門吧！」

這些都是在觥籌交錯間經常出現的怨言，對吧？身為上司的絕對條件就是對下屬來說「值得倚靠」，如果認定你是個「不可靠的上司」，那麼幾乎可以確定，這些對話會出現在下屬的酒桌上。

要是立過汗馬功勞倒還說得過去，如果是在沒什麼實績的情況下，就當了上司呢？

若是如此，「體現認知」技巧最適合你。

所謂的體現認知，英文是「embodied cognition」，意即不經由語言，而是基於下意識間對身體的影響，做出帶有意義的反應。

舉例來說，當所有人都一邊喝著熱咖啡一邊談生意，與會人員就會感覺彼此都是個性不錯的人。這是台拉維夫大學的心理系教授塞爾瑪・洛貝爾（Thalma Lobel）在構思「心理學大革命」時展開的研究，其研究成果甚豐，在此僅列出冰山一隅如下：

- 覺得心理負擔大的時候，感覺體重也變重了
- 交涉時座椅的硬度將影響交涉結果
- 考試時看見紅色，會考得比較差

換言之，我們的身體所感受到的，會依據環境不同而產生變化。

2010年哈佛大學進行了實驗，研究團隊請了54名正在找工作的學生協助，共分成3組：

①「將履歷表列印出來，夾在輕薄的檔案夾內，交給面試官」組
②「將履歷表列印出來，正常地交給面試官」組

③「將履歷表列印出來，夾在厚重的檔案夾內，交給面試官」組

結果，當被問及對哪一組的印象較好時，面試官們對於③提交厚重檔案夾的學生都感覺「很認真，印象不錯」。

這顯示「人類的判斷嚴重受到手上物品觸感的影響」。此情境的目的在於「賦予印象」。雖然在這裡學生們得到了「認真」的印象，但如果目的是談話溝通或是交涉的話，一邊摸著厚重、堅硬的東西一邊和對方說話，則會留下「一板一眼」的印象；反之，一邊摸著毛巾這類柔軟的物品一邊說話，就會認為對方是「和藹可親」的人。

舉例而言，假設在職場上，你要與下屬促膝長談。請發揮一下想像力——我當上司，你當下屬。要談的內容是調職。

此時，如果你坐在硬椅子上，照理來說，你會覺得和對方就是合不來。反之，如果坐著柔軟的椅子，理應感覺對方是個和藹之人，可以信賴。有了信任，還能坦然接受調職；可若是覺得不合拍，心裡難免會不服氣。

你可能會想：「憑這麼簡單的事，真的可以操控對方嗎？」然而，已有研究證實，的確如此。

所以，假如你是上司，請務必在職場裡準備「有分量的物品」。**將文件類交給下屬時，最好夾在厚實的檔案夾裡遞出。**

當然，不能用檔案夾的時候，建議使用較有磅數的紙張。透過使用有分量之物，可同時提升你身為上司的分量，給人留下「可靠」的印象。

在幾個身體認知的操作模式中，有個方法是加進紅色，由此操控對方的情感與印象。這雖然適合用於勾起對方性欲以及運動方面，但是在給下屬指示時，千萬不要使用紅色。在教育、指導這一塊，澳洲的昆士蘭州甚至禁止州內的30所學校用紅色打分數。如此想來，我們不得不承認，用紅筆打分數的國家，在心理學知識上仍是相當匱乏的。

No.19

識破心虛下屬謊言的引導技巧

街頭巷尾偶爾會舉辦號稱「能看穿謊言」的講座，由許多曾是刑警的人擔任講師。報名上課的人一定想著「既然當過刑警，肯定揭穿過許多犯人的假話，知道很多識破謊言的方法」吧？

但是，這正是「威權主義」所形成的壞風氣。並不見得當過刑警，就懂得識破謊言。

證據就是：過去曾進行過實驗，讓專業的偵訊官和門外漢對決，結果雙方識破謊言的能力不分上下。由此得出結論，即便是識人專家，看穿謊言的能力與門外漢毫無區別。

稍微想想就知道，犯了罪的人，多半會為了擺脫罪名而撒謊。在以撒謊為前提的情況下，並沒有必要「識破」謊言，因為一開始就知道是在撒謊。這種時候，並非「識破」，只要找出「謊言產生的矛盾」即可。換言之，刑警並不知道

「識破謊言的方法」。

但是他們能夠「拆穿謊言」。這是一種叫做「引導技巧」的方法。所謂的引導技巧，簡單來說，就是積極、主動地向對方提問，找出其矛盾點，進而拆穿謊言的方法。這種手法目前仍然被第一線刑警所使用，請務必以這種技巧來看穿「心虛下屬們的謊言」。

作為範例，來看看某個上司和下屬的對話吧！

「某某，那個案子現在進度怎麼樣了？」

「嗯，沒什麼大問題。穩定進行中。」

「是嗎？那……進展到哪裡了？」

「呃……喔，那個……正在與客戶聯絡，尚未收到對方的回覆，我還在等。」

「是嗎？那收到聯絡後也知會我一聲。」

「好的，知道了。」

其實這個下屬也還沒有和客戶聯絡。我想應該不難看出，以這段對話來說，是不可能識破下屬謊言的。

這是基於信任下屬所產生的對話。對比於此，引導技巧則是一開始就站在「質疑」的立場來進行對話，請務必理解這之間的差別。

「某某，那個案子現在進度怎麼樣了？」

「嗯，沒什麼大問題。穩定進行中。」

「沒什麼大問題嗎？這案子主要是你在推動的吧？進展到哪裡我要看到書面報告。」

「啊，不，還沒有寫成書面……。」

「什麼？還沒寫？每天不是應該要寫業務報告嗎？那就用口頭報告，說明進度到哪裡了。」

「好的，其實我已經聯絡對方，正在等候答覆。」

「是嗎，什麼時候打的電話？」

「啊？呃，昨天。」

「昨天的幾點？」

「啊？這個……我記得應該是下午兩點左右……。」

「下午兩點？下午兩點不是有會議嗎？」

「啊……是啊……那個，我想應該是開完會才打的。」

「那要不要我去聯絡看看？催一下比較好吧？」

「啊，不必了……。」

後續發展就不必我說了吧。**上司從一開始便用「下屬在撒謊」的態度在進行對話**，這應該很容易看出來才是。以這種前提說話時，如果對方有認真做事，就會義正嚴詞地回答；可如果是在撒謊，整體上便會顯現出不自然的態度。

也許這樣給人很強勢的感覺，不過使用引導技巧問話的人，拆穿謊言的機率可提升到97%，這也是經過實驗得出的數字。換句話說，不管是一介尋常人還是刑警，這是最有效拆穿對方謊言的方法。

No.20

整頓部門、促進團隊合作的「同步行動」技巧

凡是隸屬於組織，就一定會與人搭檔進行工作。而大多數的下屬也應當十分清楚統率整個團隊的上司有多辛苦。但是，既然下屬也是人，就會有各式各樣的人際關係，當中也會發生形形色色的問題。身為上司，應該沒有比處理這種問題更感到有壓力的事情了吧？

這些上司經常問我：「怎麼做才能凝聚團隊的向心力，提升工作動力呢？」

對於有煩惱如斯的上司，我建議採取「同步行動」的技巧。

2011年，史丹佛大學的葛雷利・華頓（Gregory Walton）博士進行了實驗，將受試者分為年齡層各異的幾個團隊，測試怎麼做才能提升團隊的產能與動力。結果其中一組脫穎而出，產能提升卓越。

於是華頓博士更進一步剖析，發現了非常單純的一件事。他發現提升了產能

的那組，其實所有人不分年齡，都是同一所大學出身的。當組內的所有人身上都有某種共同點，幹勁和產能確實會有提升的現象。

在日本，慶應義塾大學的「自己人意識」尤其強烈，會經由串聯各業界來擴大生意網絡是出了名的事。這也是共同點所造就的成果。

這其實是件稀鬆平常的事。「咦？你和我同一所高中啊？幾年畢業的？」或是臉書上申請好友等時候發現：「啊，你和某某有加好友喔？我和他交情挺好的。什麼，你也是嗎？」在知道對方和自己有共通點的那一刻起即拉高親密度，或因為聊及共同友人立刻就和對方打成一片，應該不少人有這種經驗吧？

這在心理學用語中稱為「歸屬意識」，我想你一定也曾經歷過。

倘若能在團隊裡落實這種意識，你的團隊要自動成長茁壯起來豈非小事一樁？

首先，請試著對你組裡的下屬進行下列步驟：

①尋找下屬們的共同點

②找到共同點後，請他們彼此發表這項共同點，提升歸屬意識
③如果沒有共同點，就自行創造

組織是各路英雄好漢的集合體，所以在許多時候，可能意外地沒有共同點。此時勢必要以推行③為主要作業。那麼，具體而言，要做什麼樣的事才好呢？

那就是**製造「共同敵人」**。

譬如組織裡頭還有其他小組，你就向全組人員宣布要勝過那一組。單單這個舉動就能讓團隊奮發進取，提升集中力。最重要的是，想贏過其他組的意念將激發更高的產能。

老實說，當團隊處於這種狀態，即便上司不一一下達指示，組員們也會做出成績來，非常地輕鬆。而且，只要能增進這份歸屬意識，就算沒有酬勞或回報，團隊還是能維持高度的動力。

「你們只要做一件事。就這麼一件。聽清楚了，一定要贏過那個某某組，這樣就夠了。」

把這句話講給所有組員們聽，然後再由你成為擬定策略的主幹就行了。

但是，有件事可千萬不能做錯，你自己得是個充滿幹勁的上司，這點很重要。共同敵人塑造得再成功，若你自己翹著二郎腿，置身於團隊之外，甚至沉溺於玩樂，那麼再團結的團隊也會變成一盤散沙。因為下屬們會心有不甘：

「什麼嘛，就只有我們幾個組員努力，上司卻在享樂喔？我感覺沒什麼幹勁了……。」

古時候打仗，主帥雖然居於後方，但領兵的將領無論何時總是身先士卒，衝鋒陷陣。如果這位將領把打仗推給自軍的士兵，肯定沒有人會認真戰鬥吧。正因為有人鼓舞士氣，士兵們才願意勇赴戰場。

這樣的舉止稱為「同步行動」。希望你也務必用用這套立竿見影的技巧。

No.21

閒話家常

成為他人眼裡好相處的上司就靠

「請問長官，您是怎麼坐上現在這個位子的呢？」

「哦，我告訴你啊，進公司第一年，我死命纏著前輩不放，幾乎是每天挨罵。回家好像就只是為了睡覺而已。不過，每天腳踏實地幹，就能做到我這個位子了。」

「原來如此，受教了。」

這樣的對話，或許上司認真地回答了下屬的問題，但是在大部分情況下，其實下屬並沒有聽得多認真。他心裡可能覺得是「廢話」也說不定，那問題充其量不過是用來「撐場面」的。在喝酒的店家裡，這畫面屢見不鮮。

儘管這件事情本身令人無限惆悵，但明白下屬的心情也是非常重要的。如果你和下屬是用這種模式對話，請你要想：下屬絕對沒把你當作「好相處」的上司。下屬覺得上司好相處，代表他信賴上司，這點在推展工作時非常重要，應該是無庸置疑的。

那麼，怎麼樣才能讓人覺得自己「好相處」呢？

哈佛大學的實驗得出了某項有趣的研究結果。

這項實驗的內容單純：讓受試者觀看知名電影，請他們將內容轉述給別的受試者。結果，已經看過同一部電影的人，聊起天來更加熱烈，信任度扶搖直上。也就是說，向人說出陌生的電影情節，別人聽起來也是無趣的，並沒有辦法一同分享從電影中得到的感動。

想當然耳，相對於上司具有「自己的故事能幫到下屬」的思考傾向，**對下屬而言，上司說的是「陌生」的事情，自然覺得索然無味。**

此時需要的是「Normal Talk」。Normal是「普通」，Talk是「對話」。也就是說，請跟下屬「閒話家常」。

如同前面的對話，對下屬來說一點也不有趣，嘴巴上雖說「受教了」，心裡卻是「快點結束吧」、「講好久」這種感想。但若是換成下面的對話，又是如何呢？請試著站在下屬的立場來聽聽看。

「請問長官，您是怎麼坐上現在這個位子的啊？」

「哦，我的位子嗎？還能怎麼樣，只能每天努力啊！對了，某某，你以前是不是有做什麼運動？」

「是的，從學生時代起開始玩攀岩。」

「是喔，攀岩很酷耶。那種運動，是不是胖的人就做不來啊？我真想挑戰看看。」

「不不不，和體重那些沒什麼關係。主要是平衡感，只要確實掌握抓岩壁的訣竅就行了。」

「是嗎？你攀過最長的距離是多少？」

「回長官，是200公尺。」

「200公尺，這麼高？真厲害。這種一步步往前邁進的感覺很不錯吧。」

「是的，非常有成就感。」

「我想也是。這份工作也是這樣啊。只要穩步前進，一定能爬到上位的。」

怎麼樣呢？跟先前的對話想闡述的事情——亦即「對話的目的」——是相同的，但是對下屬而言，這樣的上司是不是很好相處呢？

重要的是，一定要像這樣將對話推展到對方的興趣、嗜好上。除了家人，基本上，人類是一種將自己的事情擺在最重要位置的生物，所以，當一個人能夠侃侃而談自己的事情，與自己對話的那個人就顯得「很好聊」。

最好談及對方一直在從事的運動，假如是文青派，比較容易聊的是藝術活動、戲劇活動等內容吧。如果都沒有，則把話題聚焦在對方有興趣的事物上，談談「至今還沒做過，但以後想挑戰的領域」。總歸一句話，當下屬來提問時，將話題引導成對方有興趣的事物，最後再歸結到你自己想闡述的訊息。

千萬注意，不要只顧著講自己的事，說說對方熟悉的事，這就是閒話家常的精髓。

No.22

「社會證明」的觀點

錯誤的糾正方式將自食苦果

「你覺得，你在這項事業計畫裡的作用是什麼？大家都那麼拚命在做，只有你拿不出任何成果！」

「……不是的……我和大家一樣，也是拚了命在做啊……。」

被上司這樣說的下屬，肯定會喪失自信。商場是個嚴峻的世界，比起過程，結果就是一切。當然這就是現實，可是，明明真的很努力，卻被人不分青紅皂白地這麼說，實在教人嚥不下這口氣。其實，上司說的這句話裡，隱藏著某個徹底擊潰下屬自信的「社會證明地雷字眼」，那就是「大家都……只有你……」這個句型。

社會證明指的是「證明個人的妥當性」。

如果在集團當中，沒有任何意見支持自己，人們便會懷疑自己的意見是否妥當。也就是說——感覺「自己可能是錯的」。然後，正常情況下，人們就會撤銷自己的意見，但是，只要有一個人支持自己的意見，情況就會有所改變。

舉例而言，假設有個討人厭的上司，無人敢違逆。當你看見其他人都做得好好的，你便想，也許是因為自己還不夠成熟，才會討厭上司。但是，一旦得知有哪個同事或前輩說「我討厭那個人」，和你一樣不喜歡上司，你就會鬆一口氣，想著「原來我沒有錯，大家都討厭他」。

這便是所謂「社會證明」的一般性解釋。上司在指正下屬的時候，也應該充分留意，倘若以錯誤的形式說出「社會證明」，後果真的非常糟糕。不但會削弱下屬的自信，甚至澆熄士氣，這種現象稱為「反向社會證明」。

那麼，來看看怎樣的指正方式才對吧！

「你覺得，你在這項事業計畫裡的作用是什麼？每個職位的人要做的工作自然不同，可是，不盡快拿出成果來，所有的齒輪都會亂了套。你的拚命我都看在眼裡，所以我很清楚你有多努力。只是速度不更快些就來不及了，知道嗎？大家都很期待你的表現。靠你了。」

如果你是下屬，聽見這些話會有什麼感覺呢？然後，再重讀一次開頭那段含有「地雷字眼」的話，其中的差別應該一目瞭然吧？

尤其希望大家關注「大家都很期待你的表現」這個關鍵句。它便是所謂「社會證明」的積極關鍵句，能夠不折不扣地，令對方體會到被大家期待的心情。

還有一個利用這種社會證明技巧來改善與下屬關係的方法，對女性員工特別有效，請務必加以活用。

女性有強烈的集團依附傾向，從「女子聚會」這個常被提起的名詞就能夠看出來。女性們經常呼朋引伴，起勁地聊著時下話題。如果你是男性上司，或許會對如何對待女性下屬感到無所適從。畢竟她們與男性下屬不同，常常無法拿捏糾正錯誤時的分寸。說得太過火，會不會傷到人家的心呢？會不會立刻被當成職權騷擾？腦袋裡應該會掠過這些念頭吧。

只不過，多數情況下，女性也有精明之處，並沒有男人想的那麼柔弱。事實上，你絕對想不到，她們會一邊哭給你看，肚子裡還不忘嘲笑你一番，然後沉著冷靜、虎視眈眈地觀察上司的弱點在何處。指正女性下屬的錯誤時，男性上司不可感情用事，必須冷靜地加以指責，否則會被掌握住許多弱點，因此務必要十足謹慎。

那麼，來看看指正女性的方法吧！

「某某，這次的事業計畫似乎還沒有進展呢！如果忙不過來，希望妳提出來商量。我這邊也會協助妳趕上排程的。妳真的很努力，大家也希望能一起分擔，所以看是從哪裡需要幫忙，妳就隨時說出來。大家一起同心協力，如期完成工作吧！」

如何？有發現對女性的說法稍微不同了嗎？

首先肯定她的努力，產生「共鳴」；然後告訴她公司有完善的制度，這裡有人可以商量，給予她「安心感」；最後，表明大家會一起同心協力達成目標，這是在展現「團隊能力」。對女性而言，這種社會證明取向的指摘方法，能讓她們打從心底覺得放心。

如今已經不是上司嚴厲、下屬跟從的時代了。希望大家能夠對男性下屬與女性下屬做好用詞上的區分，指正也要指正得更到位。

No.23

想激發工作動機，你需要留意

麥克利蘭的需求理論

生在經濟富足的國家，人們已經可以自由選擇職業和生活方式了。正因為自由，特別是年輕世代，在工作中找不到「目標」或「工作價值」時，我想，便有許多人迎頭撞上「我為了什麼而工作？」這樣根本性的疑問。

如果你是上司，或許正朝著升官晉祿邁進，但是，追究其原因，「生在升官發達便是意義的時代裡」應該也佔了很大一部分吧。現在許多年輕人的腦袋裡，並沒有出人頭地這種想法，大家都抱著對未來的惴惴不安，又對將來無所期待地活著。

這樣的年輕人，現在成了你的下屬。對這種下屬說「出人頭地後，可以過更好的生活」，或是「努力一定能賺到錢」，也得不到任何共鳴。對他們來說，過生活已是精疲力盡，他甚至不知道該何去何從，處於茫然未知的狀態。他和你的「時代」有著決定性的差異。

如果你的麾下有這樣的下屬，究竟該如何是好？

其實，要讓漫無目的的下屬產生目標，並不是太困難。做法很簡單，請務必替下屬們激發「需求」。

美國心理學家大衛・麥克利蘭（David. C. McClelland）提倡一種「麥克利蘭需求理論」。這項理論是說：**人類的主要動機，抑或需求，共有4種──「成就」、「權力」、「親和」、「迴避」。**

方才也有稍微觸及到這點，在這套理論中，現代的年輕人幾乎都趨向於「迴避」需求，不管是在多麼普遍的情況下工作，就是會不由自主地做出迴避現實的舉動。是以眾人皆云：「現在的年輕人缺乏毅力。」

既是如此，只要將此「迴避」需求，替換為其他需求即可。

這種時候，倘若能植入「成就」需求，就會有異常出色的工作表現。

所謂的成就需求，比起「成功報酬」，更重要的是發自內心「想主動完成某件事的欲望」，進而努力做得比前一次更好、效率更高，或是達成更輝煌的業績，以此期許自己。將下屬的心理，塑造成趨近於具有成就需求的狀態，這樣就行了。

具有成就需求的人，他們的特徵可列舉如下：

①偏好中等程度的風險
②極度關心自己的進步與成長，凡事都想親力親為
③對於自己的行為結果，希望迅速得到反饋

此處尤其重要的是①「偏好中等程度的風險」。

事實上，許多上司會對下屬的力量心懷不安，傾向於安排取代性高的工作給下屬，但是這對當事人來說，只有低風險，總是做這些事情，久了自然提不起幹勁也拿不出動力。

對下屬來說，任務不能過分簡單是自然的，話雖如此，若是忽然有天大的工作壓下來，想必也是承受不了壓力。這種平衡感非常難拿捏，必須給下屬對他來說稍具挑戰性，但只要努力必有所成的工作。

身為上司的你，也不要懼怕將中等程度的風險託付給下屬，應當制定完善的

制度，一旦出事即可迅速予以輔助。

下屬在完成這類中等程度風險工作的過程中，會逐漸培養出自信，緊接著進入②「凡事親力親為」的階段。其實這個階段最危險，他們不向上司報告、不與人商量，什麼事都想自己動手去做。但是，此時如果上司又開始囉嗦，會使其退回「迴避」需求的狀態，因此上司不應插嘴，最多請止於「頻繁詢問狀況」就好。也就是所謂「我信任你，但不放心」的狀態。

到了這一步，業績自然會蒸蒸日上。此時會到達③「希望迅速得到反饋」的階段，所以一定要對業績褒獎一番，多多給予讚美吧！

倘若能將下屬調教至此，就沒什麼好挑剔的了，你的下屬已經從「迴避」需求移轉到「成就」需求。只要領教過成就的滋味，便會主動發掘工作的意義，之後即便放手讓他去做，也無大礙了。

如果你是上司，請務必記住這個「需求理論」。這是激發人類本能的技巧，效果卓越。試試看吧！

No.24

提升下屬績效的
放鬆效果

提升下屬的績效是身為上司的責任。無關乎下屬們有能力還是沒能力，上司都有實質上的責任。

「下屬的功勞歸上司，上司的失敗責任歸下屬」——這是以前的電視劇裡出現過的知名台詞，到現在還是有人把這套歪理搬到現實當中。但是，在往後多元豐富的世界裡，工作也會有更多的選擇，那樣的做法勢必會踢到鐵板。

在過去，許多時候會嚴格地訓練下屬，哪怕是強迫硬逼也要提升業績；但是在現代，做這種事只會令下屬紛紛嚷嚷著「辭職」和「職權騷擾」。所以今後必須讓下屬在怡然自得的狀態下做出成績來。

於是我們需要「放鬆效果」。

最重要的是，一定要在辦公室或公司內，以及工作的過程中，製造能夠放鬆

的環境。尤其對女性員工來說，這種放鬆效果十分重要，最好要有「能夠徹底做到這點的業界，方能聚集人才」的觀念。

蟬聯全球品牌價值排行榜冠軍的Google，其辦公室別出心裁，餐點吃到飽，飲料無限暢飲，以絕佳舒適的環境為賣點，這些也都是在放鬆效果考量下的精心設計。尤其是放有鬱金香的Google瑞士辦公室，其獨特性更是遠遠凌駕於我們過去所知的其餘辦公室，具有放鬆心神之效果。

公司內有撞球區、健身空間、按摩區，Google絕對是年輕人趨之若鶩的企業。

我們雖然也希望打造這樣的環境，但是對員工的重視仍遠遠不及世界水準，實在是多有難處。

那麼，為了營造和這種公司相同的放鬆效果，身為上司，最低限度能夠做到的事情是什麼呢？

此處想請各位關注以下3點：

①潛意識
②香味
③色彩

接下來就一項一項地解說吧！

①潛意識

請利用音樂達到潛意識效果（對潛意識造成影響的效果），營造使人放鬆的環境。當然，也有些辦公室是不准播放音樂的，不過只要用若有似無的音量播放，效果便已足夠。在位子上用隱約的音量播放舒緩音樂就行了，就算聽得不是很清晰，大腦也能確實地察覺到。

②香味

請從桌子底下用香精噴霧等散播香味。香味最能夠刺激人類的知覺，我想許多人都有過這樣的經驗：在街上與人擦身而過之際，聞到與以前交往的異性同樣的香水味，腦海中關於那名異性的記憶便於霎時間甦醒。

香氣效果對男性的作用尤其強大。法國南布列塔尼大學的心理學家尼古拉・吉根（Nicholas Gueguen）讓擦香水的女性與沒有擦香水的女性從街上的男性面前走過時，故意掉落手帕，測驗數到10秒之內，是否能讓男性撿起手帕。其結果，擦香水的女性讓男性10秒內撿起手帕的機率足足有95%。順便說一下，未擦香水的女性讓人撿起手帕的機率則僅止於30%。香味雖然目不能視，卻有著如此強大的效果，請務必使用看看。

③色彩

眾所皆知，色彩會影響心理狀態，而最適合辦公室的顏色是藍色。據說藍色能夠舒緩亢奮的身心，是壓抑情感的顏色，讓你能夠穩定心神，不受感情左右，冷靜地判斷事情。一般認為，這是由於藍色光線刺激「副交感神經」，使脈搏與體溫下降，呼吸也變得和緩深沉的緣故。藍色不僅可使身心放鬆，更幫助人們長時間專注，在辦公與要動腦的地點使用藍色非常有效，勢必能使人集中注意力，以冷靜的判斷力不厭其煩、準確無誤地推展工作。只要在桌上用點藍色，或是在看得見的地方貼上小小的藍色海報，也將有十足的效果。

請務必將這些小技巧付諸實行，為下屬們打造良好的辦公環境。僅是如此，便能讓下屬們放鬆心情專心投入工作，為你獻上漂亮的成績單。

第3章

讓你比前輩更佔盡優勢的讀心術

No.25

指正習慣

讓自以為是的前輩不再瞧扁人的

日文裡有句話叫做「擺前輩架子」（倚老賣老），但是卻沒有「擺上司架子」的說法。在企業裡討生活，相信許多時候，前輩的存在比上司更惹人厭煩。不過是早幾年進公司，或是早出生幾年，就愛跑來多管閒事，一副「我來栽培你」的模樣，實在教人吃不消。

憑什麼前輩得意洋洋的嘴臉，比起上司有過之而無不及呢？如果能清楚掌握這一點，我想，你將會用不一樣的方式來應對前輩。

首先，前輩與上司不同，身上沒有任何責任。上司有課長、部長等頭銜在身，可是前輩孑然一身。換句話說，他和你一樣，只是一個「基層員工」。

這代表他在組織內，地位本就與你沒有分別。雖然是可想而知的事，但不知為什麼，就是有很多人仗著自己是前輩，便認定自己「比較高等」。何況又不用負責任，於是便不經思考、隨心所欲地「擺前輩架子」。

你明白嗎？**雖說是前輩，他的立場與你並無不同。**在這裡，請將「前輩」、「後輩」的關係圖從腦中抹去。

好，做完了對前輩的心態建設，我們就進入下一個階段，那就是建立「指正習慣」。就像字面上的意思，它指的是「替對方指正習慣」。身體在不知不覺間形成的行為模式就是習慣，無論是好習慣還是壞習慣，你知道，要靠一己之力改善、矯正會有多困難。**沒有什麼比被人指責這種「無法自控的事」更加刻骨銘心。**

首先，正常情況下，前輩與後輩之間的對話，應該是這個樣子：

「喂，你挺努力的嘛！我去幫你和部長說情，讓你加入這次的計畫吧！」

「好的，謝謝前輩！麻煩您了。」

但是，請仔細回想方才對前輩所做的心態建設。與你同樣立場的人，有什麼權限和部長說情呢？還有「說情」這個用詞，我看十有八九是「懇求部長」吧？

實際情況應該是：「某某相當努力，這次的專案，不管哪個位置都好，有沒有他能幫忙的地方？」

那麼，對這種前輩使用「指正習慣」，會是什麼情況呢？

「喂，小子，你挺努力的嘛！我去幫你和部長說情，讓你加入這次的計畫吧！」

「謝謝前輩。前輩，其實我一直有些在意，我想您最好別再叫人『小子』了。因為常務董事好像很不喜歡這種叫法。」

「常、常務董事？你怎麼會知道這個……？」

「啊，沒有啦，只是有稍微受他的關照。當然了，我覺得您只要注意一下用詞就沒問題了。」

看得出來這樣的應對，會令前輩產生何種心境嗎？

首先，習慣遭到別人指責，通常會覺得「這小子搞什麼鬼，真狂妄！」，但是你的指責名正言順，是基於替前輩著想，實在沒法做文章。而且你祭出了常務董事的名字，他會覺得你「說不定」和那名常務董事有交情，這個念頭深植在他心中，使他不禁擔心：「這小子究竟是何方神聖？」

事實上，這段對話裡的後輩與常務董事沒有任何交情。換言之，他是在「虛張聲勢」。但是一個公司基層員工也沒有能耐逐一盤查公司高層董事和後輩之間的關係，所以「虛張聲勢」便已足夠。

像這樣對前輩讓你不舒服的說話方式和舉動提出警告，並釋出有其他大人物為自己撐腰的訊息，前輩就會暫時收斂頤指氣使的態度。此外，你可能會產生疑問，為什麼是「常務董事」而不是「老闆」？這也是有原因的。因為老闆和大家的交集出乎意料地多，相對之下，常務董事這樣比老闆職位稍低的人，一般職員則鮮少有交集。

第2章中也曾提過，人類不擅長應付「不確定性事物」，並且對不確定之事懷有不安。請務必若無其事地指正前輩的習慣，同時虛張聲勢一番。你會逗趣地發現，他變得多麼柔順乖巧。

No.26 「YES-BUT說法」的應用

使老愛吹噓的前輩沉默

「原來如此，您說得沒錯。但是，請看看這個案件就會明白……。」

這是眾所皆知的「YES-BUT說法」，已經完全進入心理學界的範疇，同時也是銷售界的知名技巧。

不過，這項技巧其實並無用處。因為使用了「但是」這個否定詞，這會讓許多人覺得不快。我若是在商家裡碰到使用這種技巧的店員，也會立刻走人。

有個調查各業界頂尖銷售員的實驗，該實驗發現，頂尖的銷售員絕口不提「……但是……」這個句型。

「我被選中負責下次的發表耶！可見上司終於發現我的實力了。」

「哇，真厲害。但是，發表的內容也不是太難吧？」

用這種說法，前輩聽了會覺得不舒服。縱然要使他閉嘴，也不能把關係搞壞了。這種否定詞，有時候會把人際關係也連帶賠進去。原因在於，它讓人感覺自己的存在被否定了。

此時請試試看另一種版本的「YES-BUT說法」。

「我被選中負責下次的發表耶！可見上司終於發現我的實力了。」

「哇，真厲害。其實發表的內容也不是太難吧？」

感覺怎麼樣？比起使用「但是」這個詞，是不是婉轉了一些呢？當然了，因為我們的目的是讓前輩停止自豪，肯定或多或少會留下一點刺，但言語的稜角應該圓滑了許多才是。

如果想要更圓融些，請務必試試看「YES-BY3-BUT說法」。

「我被選中負責下次的發表耶！可見上司終於發現我的實力了。」

「哇，真厲害。事前演練應該很重要囉。對了，前輩，您都是如何演練的呢？」

「嗯……就在家裡練個幾次這樣吧。」

「我想也是。能透露您會怎麼練習嗎？」

「這個嘛，在腦海裡反覆想個幾次吧。」

「在腦海裡反覆演練嗎？原來如此！看來這次的發表不是太困難，真是好險啊！」

這稱為「三度共鳴」，是讓彼此產生更深共鳴的話術。

一般而言，這是用來提升「共鳴感」、「認同感」的技巧，不過在這裡則像是在提高共鳴之餘，冷不防地刺入一刀，能夠讓喜歡自吹自擂的前輩心靈深深受創。

這樣應該能讓前輩停止絕大部分的吹噓。那麼，他為什麼會停止吹噓呢？建議大家瞭解一下其心理狀況。

首先，人為什麼會吹噓？

因為「想讓別人肯定自己的業績貢獻」，這應該很好理解吧。而為了得到多數人的肯定，他們便主動開啟話題。

其中，能夠用前輩的身分硬凹來聽自己說話的，就是身為「後輩」的你了。因為他認定後輩「比自己劣等」，自我認同需求便容易得到滿足。

雖然實在不勝其擾，但人類天性如此也是無可奈何之事。

不過透過方才的技巧，可讓前輩感覺無法再「對你吹噓」，亦即無法滿足「自我認同需求」。

好比說，你會對發動好幾次攻勢後，仍然對你無動於衷的異性，追求到什麼時候呢？想必會中途生厭吧。

這位前輩的心態也是如出一轍。**好幾次試圖滿足認同需求，卻始終達不到目的，對你便不再有所企求。**他一定會換個目標，離你而去。

前輩說大話惹人厭煩，但是逆來順受的人，就得永無止境、沒完沒了地聽下去。請務必利用「YES-BUT說法」，給予致命的一擊。

No.27

光暈效應

對付老是要求別人做事的厚臉皮傢伙，就用

「喂，今天內把那些文件全部影印好。什麼？對，全部！不管花多少時間，都要給我做完喔！」

「今天是你生日對吧？生日快樂！對了，那個案件的資料明天一早就要用到，有勞你今天之內提交出來了。」

也不管別人方不方便，單方面地把工作推給別人，無論哪個職場，總會有一個這樣的前輩。「……啊，可是我今天……」即便你面露難色，他還是用一句「拜託了」來搪塞了事。

這種前輩往往行事拖沓，將自己辦不到的責任推卸給你。下班後，你也許有重要的約會或家庭聚會，但這位前輩可完全不管這種事。不管你難過、痛苦，還是憂愁、煩惱，他都無關痛癢似的，十分霸道。

正常來想，是不是會感到很奇怪，覺得「他為什麼不替我們著想呢？」然

而，這類人無法感受到這些心情。這是有原因的。

其實這種人的共通點是「精神病態」（psychopath）。

說到精神病態，就會聯想到如連續殺人魔之類的案例，可是像我們這樣的一般人裡，其實也有許多精神病態性格的人。

精神病態的人被稱為社會的捕食者（predator），他們的特徵是毫無良心、關懷他人之心，也沒有罪惡感和後悔的念頭。無視社會規範、違背他人期待，擅自取走想要的東西，全憑喜好行事。其大部分並非行兇殺人的凶惡罪犯，而是潛藏在我們身邊的異常人格者。在日本，據說存在比例是男性每１００人便有１人，女性每３００人便有１人。

換句話說，**如果你的公司是１００人以上的規模，從機率上來說，當中就有精神病態者。**當然了，即便公司人數少，也可能有精神病態者混在其中。

下面將列舉精神病態者的特徵，相信硬是將工作塞給你的前輩，一定符合這些形象：

①自以為是的言行、態度

②不反省自己，基本上都是別人錯
③異常沒有良心（裝作很有良心）
④會慢性撒謊
⑤沒有後悔意識或罪惡感
⑥沒有同理心，不懂得關懷別人（假裝關懷別人）
⑦不對自己的行為負責
⑧舌粲蓮花，表面上充滿魅力
⑨自我評價高

怎麼樣？符合的機率一定挺高的吧？

如果總是有人硬塞工作給你，那麼你的個性很好懂。你一定對自己沒有自信，強烈害怕被別人責備，就算犧牲自己，也會以別人的期望為優先，是不是呢？或是你容易有罪惡感，有重感情的一面，你身上應該兼具這樣的特徵才是。

事實上，對精神病態性格的人來說，這類型的人易於「捕食」，是他們極欲拿來利用的對象。

那麼，對於這些精神病態前輩，應當採取何種對策為佳呢？

事實上，精神病態的性格據說一輩子也無法根治，無論對他做什麼，幾乎都是徒勞無功。這麼想應該會比較好一點。不過，儘管乍看之下沒有弱點，我們還是有個絕招可以對付他。那就是「光暈效應」。

做法很簡單。要領與第1章談及的「領域誘導」幾乎相同。首先，請在精神病態前輩的面前與高層的人親暱談話。你當然不需要與高層套關係，終究是演戲而已。

例如，「某某部長，我記得您會釣魚對嗎？之前我有看到您應該會合用的擬餌。」就像這樣隨意與之攀談。如果部長的興趣是釣魚，便會回答：「哦，你也釣魚啊？」勢必會相談甚歡。其實談話的內容無關緊要，重要的是「假裝和高層交情好到可以隨意聊天」。

精神病態者一旦對上比自己「高等」的人，就像洩了氣的皮球。他們的力量只能發揮在比自己弱小的人身上。你和高層親暱地聊天，他們便在心裡揣測你與高層的關係，勢必再也不敢對你做出離譜的要求了。

No.28

對付蠻橫前輩的集團功利主義

人活在世上，總會遇見合不來的人。不知何故，有些人光是待在眼前，就讓我們厭惡到想吐。

在企業內工作，周遭一定也有這樣讓你厭惡的人吧？

當然，如果只是單純的「討厭」，問題並不在對方身上，我會極力希望不要使用這項技巧。不過，倘若是對方來招惹你，或是造成你心力交瘁，請務必用此處即將介紹的技巧把他擊退。我要讓你使用的是「集團功利主義」，威力頗大，甚至根據情況，有可能讓這個人從社會上消失，所以希望大家格外謹慎地使用。

那麼，什麼是集團功利主義呢？集團就是字面上的意思，而功利主義便是利己主義，換句話說，就是「集團性的利己主義」。

姑且不討論艱澀的用語，具體來說，是要做什麼呢？一言以蔽之，就是製造「流言」。捏造討人厭前輩的流言，策略性地散布出去。就這麼簡單。不過，流言必須廣為流傳才有效果，因此接下來便進入策略的解說吧！

假設你在工作的空檔到休息區喝咖啡，稍作歇息。忽然聽見了隔壁兩個人的對話。「聽說某某啊，之前和女派遣員工約會，後來進了賓館街，人就不見了……。」許多人聽到這種話，心裡便開始想道：「是喔～那個某某竟然是這種人……。」下次就想找別人說這件事了。

為什麼我們會有想把道聽塗說來的事情跟別人講的衝動呢？為了利用集團功利主義，有必要確實摸清楚這種心態。

流言蜚語要擴散，必不可缺少「集團」這個要素。處於集團中的心理稱為集團心理，相較於個人心理，集團心理具有看事情模稜兩可的傾向。

比如，有個分別以個人和集團為對象的研究，進行了讓人吞下含砂糖膠囊，並向其宣告「此藥錠有回穩血壓的效果」，觀察實際上是否起了變化的實驗。結果在針對個人的實驗裡，幾乎毫無影響；而在安排了椿腳的集團實驗中，數據則顯示心跳數和血壓等確實起了變化。

由此可知，**集團在本質上，對資訊的反應並不精確。**

當眾人群聚，說人八卦的時候，出於集團的本能，即便是充滿偏見的資訊，也會形成「先認同再說」的氛圍。在集團裡還有一個特徵，就是某人說出口的資訊，會以充滿偏見的方式流散。即使是在報導圈裡，有時也會罔顧進行事實確認的必要性，將報導膨脹誇大成連當事人都不知情的內容。

利用這個特性，散播你看不順眼的前輩的流言，就很簡單了吧！

不過，謠言從何而來是個問題。如果追根溯源，發現是你在散播……那可就划不來了。

常有人裝模作樣地說：「喂，跟你說喔，之前我聽到別人在說，某某和女派遣員工去開房間耶。」這種「道聽塗說型」的做法，我不是很建議，因為會讓人覺得你是個大嘴巴，貶損自己的信用。你該做的最安全的方法，是「任憑想像型」的做法。

比方說，假設你在休息區喝咖啡，後面有好幾個人和你一樣在休息。這時候，請假裝有人打電話來，轉過身背對著大家接起來。請發揮演技，一開始盡量正常地應對，然後隨著逼近話題的核心，逐漸壓低聲量，卻又微弱可聞：

「喂？……對。咦……真的嗎？……在哪裡看到的？……哦，那個賓館街嗎……嗯。……不會吧……我想他不會做這種事。他的業績不是很好嗎（給出提示，引導社內員工猜測）……（從此處音量漸小）不是吧，那很糟糕耶……呃……是最近那個女派遣員工對吧……不會啦，我不會跟別人說的。……好……我知道了……。」

好了，如果你在後面豎起耳朵聽到了這段對話，肯定會聯想到公司內的那位人士。試著將這段過程重複幾次。就像有句話叫「壞事傳千里」，流言勢必會不斷擴散出去。而無論這件事情的真偽，一旦高層的人聽到這些話，自會對那個前輩心生疑慮。如果你討厭哪個前輩，請務必實踐看看。但是，嚴禁濫用。

No.29

面對前輩糾纏不休的邀約，利用

拿破崙效應

這幾乎可算是女性專用技巧。

男性前輩（上司）來邀約，如果是心儀的人也就罷了，倘若不是，老實說，除了「麻煩」以外便什麼也不是了吧。其中，還有不僅僅邀約用餐，甚至心懷不軌者，更是討厭。

拒絕邀約不難，可是若拒絕得不好，很有可能影響到工作，有沒有不留後患、漂亮俐落的拒絕方法呀？

這裡有一個非常適合女性的妙招——「拿破崙效應」。

說到拿破崙，大家應該會聯想到法國大革命時的軍人與政治家拿破崙・波拿巴。不過此處說的拿破崙並非這位偉大人物，而是高級品牌「拿破崙」（NAPOLEON）。

「CAMUS NAPOLEON（卡慕拿破崙）BOOK GOLD」之流的酒，入手

價大約2萬日圓上下，但是在有陪酒小姐的店裡，有時甚至賣到8～10萬日圓，是以昂貴出名的酒。

為什麼我要把這款酒的名字當作讀心技巧的名稱呢？

事實上，為了讓顧客消費比這還要昂貴的酒，像陪酒小姐這一類人，不得不使用遊走在危險邊緣的接待話術。

酒家或酒店這種地方，就是所謂談「虛擬戀愛」的地方，說男性用錢買時間讓女性陪同自己也不為過。不過，終究是男人和女人，彼此一旦發生了肉體關係，便會打破這個平衡，我想這應該不難想像才是。

於是乎，一邊讓男人點昂貴的酒，同時堅守住最後一道肉體關係的防線，這是職業陪酒小姐的原則，是為了賺錢而必備的技術。這條最低底線就稱作「拿破崙」。

對比之下，男性則是點酒以後便提出下班後的邀約，期待隨之而來的肉體關係。雖說消費能力因人而異，不過拿破崙這個價位的酒，咬個牙還是買得起的，所以就會為了心儀的陪酒小姐而打腫臉充胖子。

那麼，讓我們來看看**陪酒小姐們讓客人點酒之後，如何回應私人邀約。**

「您都有太太了，我才沒有這麼隨便呢！」

「誰誰誰說她也想一起去！您可真受歡迎啊！」

「可是～店長老在這附近轉來轉去的，我怕被她看見。」

「討厭啦，這些等您酒醒時再說吧。乘著酒興約人，多令人難過啊！」

「真是的，您的寶貝子女們會傷心的。就是因為您重視自己的太太，我才這麼欣賞您。」

可以想見，男性諸君聽到心儀的小姐說這些話時，當下是什麼表情。

當身為女性的妳被前輩邀約用餐，疑似要發展成這種「以肉體為目的」的氣氛時，請務必試著效法她們，說出類似的話。前面所舉的終究是陪酒小姐的用詞，請改以下面這些話來試試：

「請不要做這種事，好好珍惜您的家人。我欣賞的是重視家庭的前輩。」

（重要的是正義凜然的口吻，男人會意外地無所適從。）

「您的寶貝子女會難過的。」（事先讓對方拿出子女的照片給妳看看。）

「咦～～不行不行，絕對不行，這怎麼可能啦～～」（請試著開朗地拒絕他，開朗的拒絕可保住對方的顏面。）

「前輩您真的是很優秀的人，所以請絕對不要搞什麼婚外情。」（對已婚人士尤其有效。請真誠地訴說，絕對會讓對方打退堂鼓。）

「現在可是全民監視的時代，還有那些社群網站，一旦消息洩漏出去，我們立刻就完了。」（加以威脅，他將畏懼失去社會信用。）

然後是大絕招。如果對方是單身男子，可以試著說這句話：

「前輩，你要付起責任娶我哦！因為我是基督徒，只能和結婚對象發生關係。」

把宗教背景都搬出來壓他，男性就會束手無策。總是被各式邀約煩到不勝其擾的女性朋友們，請務必利用這種「拿破崙效應」，遠離擔驚受怕吧！

No.30

對付將觀念強加於人的前輩

「迴力鏢效應」的應用

「你對這業界涉獵未深，大概還有些部分不明白，但是絕對應該這麼做。不必懷疑，反正照我說的做準沒錯。」

乍看之下，這段話十分強而有力，但就如我在本章開頭提過的，雖說是前輩，他的立場終究與你沒有不同。這種人說的「絕對」，首先肯定不是「絕對」，要是他這麼有能力，照理說早就升職了。

只要是人，都會有自己的想法，這就是社會。然而不知為何，就是會有一些人覺得只有他自己的想法才是正確的。那也就罷了，但如果你的前輩正好是這種人，總是把自己的觀念強加於你，想必會讓你十分困擾。

此時，我們要運用的是「迴力鏢效應」。所謂的迴力鏢效應，簡單來說，就是「不被他說服，還反其道而行，採取相反的行為或態度」。

相信誰都有過這樣的經驗。小時候正打算去書桌前念書時，爸媽在旁邊催促說：「你什麼時候才要念書啊？」被這樣一唸，是不是忽然就不想念書了呢？這就是迴力鏢效應，面對「去念書」這項遊說或警告，顯現出「不想念書」的態度。

這種心態乃基於人類的一種「心理抗拒」習性，來自人類「討厭被限制自由或被束縛」的特性。

也就是說，「去念書」這句話剝奪了「不念書也可以」的自由，於是人類的此種特性便透過情緒表露於外。

前輩要你「做這個」、「做那個」，也是限制你的思考自由，其實你原本並不想遵從，但是在公司這樣的組織裡，既然領了薪水，自然也被要求聽話。所以，大家才會滿身都是壓力。

對這種利用自己是前輩的立場，喜歡將事情推託給別人的人，請你狠狠地還以顏色。我說過很多次，他不過是和你同樣地位的人，沒有什麼好害怕。好像有些人會想：「不和前輩打好關係的話，等他升職了，就不會提拔我了。」但只要你比他早升職，事情就解決了。

從今往後，長幼有序的升遷制度將徹底崩壞。有實力的人將接二連三地受到提拔，沒有能耐的人則會陸續被淘汰。不需要再像以前那樣顧慮前輩了。
那就讓我們來看看，如何用迴力鏢效應對付強迫別人接受自己意見的前輩吧！

「你對這業界涉獵未深，大概還有些部分不明白，但是絕對應該這麼做。不必懷疑，反正照我說的做準沒錯。」

「謝謝前輩。我當然不會存疑，想照你說的去做。對了，如果照您說的做，能有多大的成效呢？」

「成效？」

「是啊，就是成績。比方說業績可以達到目前的3倍之類的。我很期待照您的方式做以後，能提升多少業績。」

「……哦，我想會有2倍吧……。」

「咦？2倍這麼多？那感覺很快就可以升職了呢！我有辦法升職嗎？」

「可以啊，一定可以！」

「對了，前輩為什麼沒有升職呢？用您的方法不是應該很快嗎？啊，莫非您是想要越級升官，一口氣坐上部長的位子？」

「沒有啦，嗯，算是吧。」

「好～～前輩，我會加油的。一定要把公司的業績增加到2倍。請務必教教我。」

有沒有抓到這段對話過程的重點呢？**其實就是利用對方強加於我們身上的觀念，轉換為「前輩的做法可以讓業績增為2倍」的觀念，反過來加諸在他身上。**這就是所謂的反噬其身。

這位前輩的想法基本上是含糊空泛的。就是因為空泛，才迄今無法升職。說穿了，他要是知道讓業績翻倍的方法，老早就變成上司了。公司的老闆、長官不會遺漏掉這樣的人才。將前輩強加過來的觀念逆向放大操作，索取保證，用「一定能做出業績，對吧」的想法反咬回去。如此一來，對方反而被你剝奪了「不衝業績」的自由。

反正，對於無責任職的人，談什麼保證也沒有用。在心理抗拒的運作下，前輩勢必不會再將他的想法強加在你身上。

No.31

應付不可輕忽怠慢的職場大姐頭，首先要學會「印象操作」技巧

應對職場大姐頭的方法，女性應該比男性更加需要吧。此處將以女性必備的職場大姐頭應對方法為主，加以說明。

每一間公司裡，都有職場大姐頭的存在。還有些人更像是從公司創立時期就在的老班底，若是不細心服侍，將來怕是有可能演變成與全公司員工為敵。她們之中甚至許多人和老闆是老交情，在某些情況下，有些人比人事部還可怕。比如老闆還會問大姐頭：「妳覺得那年輕人怎麼樣？」這也是有可能發生的事，所以多注意些總沒錯。她們甚至可能是「老闆的情婦」。基本上，你最好要有這些職場大姐頭與老闆之間關係匪淺的認知。

換句話說，你必須不被她們討厭，讓她們喜歡你。常有人形容職場大姐頭是「公司的幕後巨頭」，我認為並不見得有錯。

只不過，大姐頭這樣的人，最討厭別人獻殷勤，要是說出「您總是這麼美麗」這種拍錯馬屁的話，極有可能被認為：「這傢伙搞什麼呀！無事獻殷勤，是不是在打什麼壞主意。」所以我不是很建議。

但是要說這些以「大姐頭」自居的人不是「好人」，其實並不見得，她們多半是充斥著女性的自卑與驕傲之人。

而且，她們對於威脅到自己地位的人頗為敏銳，一經發現便毫不留情地展開攻擊，很是麻煩。多數大姐頭的生活過得也並不充實、幸福，趁機遷怒於年輕員工，藉以發洩壓力的人，想來也不在少數。被盯上就無處可逃，如同希臘神話裡的梅杜莎，有被她變成一尊石像的可能。

那麼該如何是好呢？請注意以下5個簡單的事項吧！這些都是對大姐頭的「印象操作」，樣樣都是幫助你在大姐頭面前不會扣分的利器。

①裝做尊敬的樣子。（滿足她的自我認同需求）

②做出她期待的反應。勤快地應聲。「您我原真好」法則：

您「您真行」　我「我都不知道」　原「原來是這樣！」

真「真有品味」　好「好厲害」

③經常微笑。（一臉沉悶會被認為沒有幹勁）

④投其所好，勞其尊駕。（需小心，愈是和她保持距離，愈容易被討厭）

⑤不做搶眼的打扮或髮型。（她會覺得你連公私都不會分）

若能徹底留意並遵守這些項目，就會讓大姐頭留下好印象，暫時不會盯上你了。

但是希望大家注意第⑤項。

許多大姐頭喜歡妄加評斷，所以如果穿著搶眼，她就會先入為主地認為你「沒常識」、「不認真」。

一旦讓這種人抱定先入為主的觀念，你的一切所做所為均會受到檢視，十足的吃虧。比如大家都犯了相同錯誤，有人被罵，有人不會被罵。**而被大姐頭先入**

為主地覺得「沒常識」、「不認真」的人，即便只是小錯，她也會擅自認定「因為你沒有認真做所以才這樣！」，火氣就衝著你來了。必須充分小心這點。

還有，在大姐頭面前絕對不要談年齡的話題。不管怎麼說，她們一聽到年齡和別人的幸福故事，就會深深感到自卑。

最後，應該注意用字遣詞。日本經常將「謝謝」和「不好意思」當作同一個意思使用，但是在大姐頭面前，戒掉這個「不好意思」吧。要是她幫你做了什麼，請務必說「謝謝」。要是不停地說「不好意思」這個詞，大姐頭心裡就會認定「這傢伙是不是蠢啊？」，也是會被她盯上的。

總之，天底下最麻煩的莫過於職場大姐頭，但她們之中，也有真正為年輕人們著想的人。就你看來，她是否用讓你不會自卑的方式說話？容不容易變得情緒化？觀察這些地方，應該就能明白她是「好大姐頭」還是「壞大姐頭」了。

請務必小心，別被大姐頭給盯上囉！

No.32

處理前輩忌妒心的

假共識效果

「課長真的很蠢。他根本不瞭解工作是怎麼回事！他根本沒有本事，為什麼還爬得比我高啊？真搞不懂。」

或許說話的人覺得自己很有能力，但畢竟結果就是一切。明明自己如今的職位已經做了最好的證明，但永遠就是有人不願意承認。這種憤懣不平還要說給後輩聽，不過就是因為妒恨，除此之外再無其他，聽著都覺得悲哀了起來。

話雖如此，一旦用「真的是這樣，前輩您說的沒錯」這種話迎合他的怨懟，那麼你也會被視為加入了妒恨的行列，要取得平衡，確實是有難度的。

這種時候就用「假共識效果」來應對吧！

所謂的假共識效果，指的是由於人類具有將自己的思考投影在他人身上的傾向，因此總想當作「別人想的都和自己一樣」，傾向於認定自己的意見、信念、喜好「與普羅大眾的意見相同」，但其實這種傾向沒有任何確切證據，只是單純的武斷。

「喂，你也是這麼想的吧？」前輩之所以這麼問，也是出於這個原因，以你這個後輩應該也是同樣想法為前提，來說這些妒話。幾乎無一例外。

那要怎麼辦才好呢？其實，只要直接用假共識效果的理論回敬他就行了。

「課長真的很蠢。他根本不瞭解工作是怎麼回事！明明沒有本事，為什麼還爬得比我高啊？真搞不懂。喂，你也是這麼想的吧？」

「我能明白您的想法。如果我和您是一樣的立場，可能也會這麼想。」

「怎麼？所以你不這麼想嗎？」

「不，只是我覺得大家想的和您不一定一樣。我並不是在說您錯了，大家基於各自的立場而擁有不同的意見和見解，這是無可厚非的事。以我如今這樣的菜鳥立場，坦白說，我無法發表任何意見。」

非常正確的論點。聽你這麼一說，想必前輩接下來的話也說不出口了。

要這麼回答是有原因的。

首先是不要加入前輩的忌妒行列。不迎合，便能守住你自己的立場。我們不知道隔牆是否有耳。如果你附和的事傳了出去，上司就會把你和這個前輩看做同一類人。如果變成這樣，你就得白白陪他受罪了。

第二點，你並不是在否定前輩，只是基於立場與其意見相佐，藉由把話挑明，達到讓話題就此打住的效果。

你會說：「不不不，我要是敢這樣跟前輩說話，還需要操煩嗎？就是說不出口才傷腦筋啊……。」那麼，**對於不敢把話挑明了說的你，讓我告訴你一種策略性技巧，那就是「極度誇張的同意」**。

「課長真的很蠢。他根本不瞭解工作是怎麼回事！明明沒有本事，為什麼還爬得比我高啊？真搞不懂。喂，你也是這麼想的吧？」

「前輩，真的是這樣，我也是從以前就這麼想了。您肯定比較優秀啊。我真的不明白，為什麼那種人會當上司。有沒有什麼辦法啊……啊，我們去向部長進言吧！雖然我還不成氣候，但是這麼點小事，還是能助您一臂之力的。我去幫您一吐為快，肯定是您更應該當課長啊。我們走吧！一定要和上面說！前輩！」

聽到這番話，前輩絕對會在心中暗想：「不不不，先等一下，你未免扯太遠了吧……。」

2014年，以色列的特拉維夫大學邀集150名男女，分成兩組進行了有趣的實驗。實驗分別對兩組人播放了下述其中一段影片：

①普通的電視廣告

②關於以巴衝突的影片（內容突顯放大了以色列人的想法）

結果，觀看以巴衝突影片的該組，有3成的人對政治的想法變得更有彈性，更加積極參與選舉。看完極端的影片，改變了他們至今為止的想法。

換言之，不要否定前輩的意見，而是誇張地強調他是對的，甚至極端到不把懲處當一回事，連忤逆上司都在所不惜，重點在於誇大其辭。如此一來，對前輩而言，自己所說的「妒話」極有可能成為威脅自己職場生涯的凶器，他會因此心生畏懼，面對有可能製造這種地雷的你，勢必再也不敢出口詆毀上司、一吐抱怨之言了。

只不過，這麼做的時候，千萬要先確認「沒有人在聽」。否則你會被當作「公司內的恐怖分子」，叛亂者的罪名非你莫屬，不可不慎。

第4章

獲得老闆、長官青睞，拿到出人頭地的門票

No.33

演一場好戲，讓經營者賞識堅定不移的自己

「始終如一」技巧

「為什麼那傢伙可以往上爬，我就不行？明明我們的業績差不多……。」有這種感覺的人，似乎並不在少數。

比方說看電視時，你應該也曾想過：「這種程度也能上節目當歌手？明明有很多唱得更好的人，不曉得這個人為什麼會紅？」

沒有「只要努力工作抑或業績夠好，必定能出人頭地」這種事，此乃世間常理。即便有實力，還必須要有能被高層提拔的「運氣」，凡是在企業裡討生活的人，一定都有切身的體會吧？

你也許會覺得不以為然，但這是不爭的事實。不過，這種被上頭提拔的「運氣」，是可以用自己的雙手創造的。

經營者或長官這樣的人都在想些什麼，從受雇的勞方來看，恐怕有如瞎子摸

象，霧裡看花吧。但他們之中異想天開、不守規範的人可是出乎意料地多。也就是說**缺乏勞方被要求的那種順從感——說穿了就是「亂來」——的人，比想像中要多。**

我自己也是當了16年的經營者，與同為經營者的人交流時，果然許多人都符合我方才所描述的特徵，使我深深感覺到「經營者們是自成一格的」。

那麼，要用什麼方法，讓這些經營者、長官喜歡我們才好呢？

這裡就使用「始終如一」技巧吧！

姑且不論課長、部長這些職位的人，經營者是不吃所謂「諂媚奉承」這一套的。

如今這個時代，當你和經營者說：「老闆，我要追隨你一輩子！我一定會加油。」他心裡真正想的是：「用不著黏著我，早點做出成績最實在。」當然了，其中應該也有不作此想、如佛陀一般的人，但是很遺憾，這是個殘酷的世界，沒有業績就只好等著破產。

所以，在經營者面前，一定要堅持「自己的原則」。始終如一代表堅定不移。如果自己的想法隨著經營層的意見東搖西擺，下場就是被認定為「此人不足為用」。

「某某，你的想法雖然很棒，但是這個計畫行不通。應該要更有那種……創新感，否則沒有人會感興趣的！」

聽聞這一番話後，想必許多人會輕易改變自己的意見：

「好、好的，我回去再想過……。」

可不要以為這是順從、優良的表現。你在這個階段就會被對方判定「不足為用」。

「是，我非常明白老闆您的意思。可是如今這個時代，不可貿然投入太新穎的事業，需要先觀察一下，而且創新的嘗試可能也無法帶來突破性的業績。如果要做，就把已經熟悉的東西加上新的附加價值，這樣也能降低成本……。」

如果你是經營者，這段回答會讓你作何感受呢？

「這渾蛋，你跟誰說話啊？」會是這樣嗎？

不，正好相反。老闆會覺得「這小子有前途」。

對經營者而言，公司的存亡最要緊。理應如此，因為那關係著自己的三餐是否得以溫飽。但是，經營者也並非萬能。有人依賴諮商顧問，甚至還有固定找亂七八糟的算命老師討教的人，這顯示他們對前景經常感到迷惘不安，只是不露出那種表情罷了，其實心裡面充滿了徬徨。在這種狀態下，當有下屬擁有自己的明確意見，且想法堅定，就會顯得非常可靠，這應當不難理解才是。

如果想要出人頭地，升官晉爵，請務必保有一致性。因為經營者本身就是帶著這種貫徹精神創業的，情感上當然想提拔與自己相似的人。

只不過，萬一在你堅持了貫徹始終的精神後，開始遭到經營者的刁難或霸凌，那種八成是黑心企業的獨裁老闆。他們只把你視為機器人，最好早點離開這間公司吧！待在那裡只是浪費時間。

人生有限。天底下最蠢的事，莫過於在枯燥的人手底下工作。

No.34

網路溝通

向可怕長官表達意見時就靠

身在企業，總會有一位眾人避之唯恐不及的長官，還會被私下取外號，如「魔鬼某某」。

他們的特徵是除了可怕還是可怕，嘮嘮叨叨、嚴格等等。總之，大家是死也不想被盯上。

「喂，某某，幫我把這份資料拿到專務董事那裡。」

明明課長、次長自己就可以拿資料過去，卻又怕被挑剔，所以經常交託給基層員工，也不替跑腿的人想想。

既然被冠上「魔鬼某某」的封號，向他們傳達意見和報告事情自然不是簡單的事。

當然，還要看公司的風氣，可如果能「透過網路」提出意見和報告，沒有比這更穩妥的途徑了。

2013年，倫敦大學請63名參加者進行2種類別的交涉實驗：

①與比自己高位者交涉

②與比自己地位低下者交涉

結果出現了有趣的結論。和比自己低位的人交涉時，直接面對面交涉可提高成功機率；而與地位高於自己的人交涉時，使用Skype這類視訊通話軟體的成功機率則更高。事實上，人們逐漸明白，**對於處於高位者等讓自己敬畏的人，最好試圖經由網路與其溝通。**

你可能會覺得：「不不不，透過網路未免太失禮了吧？」但是，如今在公司內部都已經是網路溝通的時代了。別再食古不化，務必聽我的建議，使用網路吧！

藉由網路媒介溝通有著絕大的益處。由於並沒有直接見面，你將更容易發揮應有的表現。

可想而知的是，要是直接面對本人，你會全數接收到當時的氛圍還有對方的氣場。對方原本就是在上位者，而你又臨陣怯場，接著就只能陷入腦中一片空白的狀態了。

那麼，網路的好處在哪裡呢？若是使用網路，你和對方分處兩地，兩人之間的距離感會因而產生改變。拉開空間距離會提升「對話的客觀性」，降低地位所造成的影響。

舉例而言，經常被視為問題的「網路論戰」，正是因為基於匿名性質，使得用戶彼此之間不受地位、立場等因素影響，顯得毫無關係，所以才會引發問題，我想這點大家都能明白。

絕大部分的人普遍敢在網路上大言不慚，到了本人面前卻說不出一句話。原因是一旦面對面，便會失去客觀對話的舞台。

當然，每回都要透過網路和魔鬼長官報告也挺奇怪的，所以希望大家務必採用能達到同樣效果的「某個方法」。用這種方法，便能消弭你和魔鬼長官之間原先存在的距離感，保證能在不知不覺間獲得長官的青睞。雖然這道工序得多費一番功夫，但是做與不做，其差距可是天差地別，希望各位務必運用以下的要領，親身實踐。

首先，在給資料或進行彙報以前，先把該資料或報告的內容簡單明瞭地做成影片，並在最後加入少許自己的意見。將其上傳到影片平台，設為限定公開，再將連結網址和報告書一起拿去給長官，並且對他說：

「這是報告書。我做了一段說明內容概要的影片，您有需要可以觀看。謝謝長官。」

長官見你如此用心，一定會去觀看影片。於是你們之間的隔閡忽然消失，你與人見人怕的魔鬼長官勢必會逐漸建立起關係。

只要實踐這個方法，你就會發現其破壞力有多麼強大，請大家一定要試試看。

No.35 出人頭地靠的不是努力！讓經營者對你另眼相看的「橋接者」角色

我一直在說明，出人頭地憑的是實力、努力以及運氣，不過許多熬出頭的人都不約而同地表示：「與其說努力，我只是埋頭苦幹罷了。所以我覺得我沒有做過努力。」

請不要搞錯，大家都是嘔心瀝血地在努力，只不過有著「不覺得這叫做努力」的特質。

事實上，截至目前為止，許多出人頭地的人在有意無意間，都會不約而同地做一件事，那就是扮演被稱為「橋接者」（Bridge Token）的角色。一般也稱為「中樞」（Hub）。

Birdge就是橋梁，而Token是「象徵」、「標誌」的意思，意即「透過人與人的連接擴大生意版圖的象徵性人物」。

你身邊是不是也有這種在公司外面超級吃得開的人呢？這樣的人就是所謂的

「橋接者」。

在商界裡，大家都知道是人脈說了算，然而出乎意料的是，「請人介紹」的情況比較多，鮮少有「主動替人牽線」這種事。

請試著回想異業交流會等場合。照理來說，大家在工作上幾乎沒有關聯才是。說實話，那裡幾乎所有人都存有「從對方身上撈錢」的念頭，想得償所願根本是天方夜譚。除了浪費時間，什麼也不是。

不過，如果你能從你的人脈當中為別人牽線，對方想必會非常感激你。原因在於，橋接者從一開始就會為他們考慮如何製造雙贏。橋接者在引薦之前會先請示：「有這麼一個人，我想也許會是頗有意思的合作。若不介意，我想介紹給你。」讓對方選擇合適與否。

當然了，請不要在這裡萌生收費這種念頭。這種置利害關係於度外的介紹，日後必定會帶給你極大的回報。

對經營者而言，最感激的就是擔任這種角色的人。**商人應當抱持的理想目標，是成為連結複數網絡的中間人，亦即擔任此「橋接者」或是「中樞」的角**

色。

但是，相信也有許多人不知道該如何建立人脈。若是在公司內部或是與客戶之間倒還算有交集，然而談到拓展自身人脈的方法，還真是一無所知，所以才會參加各種異業交流會，拿名片濫竽充數。

這裡我們就來看看，懂得拓展人脈的人都做了些什麼吧！

①思考建立人脈的方法前，先明確訂立自己的終極目標
②整理目前有往來的人脈
③開始建立想要的人脈

先來解說①吧！一股腦地拓展人脈於事無補。目標究竟是什麼？自己想坐上怎樣的位子？在思考的同時，自然能夠逐漸看清應當建立的人脈才對。你該知道，若是想賺到年薪300萬，不和賺300萬的人交流，便無法站上那個舞台。開拓人脈講求的正是這麼一回事。

第②點，好好整理一遍目前的人脈吧！既然在①已經設定了終極目標，不符合的人脈最好先擱到一旁。接著標出優先順序，如果此時發現人脈尚且不足，則必須建立新的人脈。

最後是第③點，要實際開始建立人脈，但是請千千萬萬不要去參加那些異業交流會。你該做的只有一件事，就是「拜託別人」。

請求別人：「嘿，下次我想訪問我們這個業界的大老闆們，能不能幫我介紹？」如果自己的公司是做建築的，就請同在建築業界的熟人介紹他們公司的老闆。周而復始。假如後來老闆恰好有時間，你完成了訪問，表達完謝意後，請試著這麼說：「您下次可以介紹認識的老闆給我嗎？我想同樣去訪問他們。」只要你不是太惹人討厭，照理說，老闆一定會願意介紹。

重複這樣的過程，再找機會創造適合讓對方幫忙牽線的話題就行了。

能否完成這一連串的事情，關乎著你的仕途，你完全可以這麼想。就如同浩瀚的歷史已做出的見證——能連接人與人之間關係的人，必將成功。

No.36

別放過與老闆吃飯的機會

善用「鏡像神經元法則」

「討人喜歡的人，歸功於他的鏡像神經元發揮了很好的作用。」這句話，想必對經常閱讀心理學和腦科學書籍的人來說並不陌生。

所謂的鏡像神經元，乃是由義大利帕爾馬大學的學者賈科莫・里佐拉蒂（Giacomo Rizzolatti）所率領的神經生理學家團隊首次發現，用專業術語來說明，就是「傳達神經衝動的神經細胞」。簡單來說，你明明是以放鬆的心情在看拳擊比賽，腦子裡卻會發出和比賽中拳擊選手做同樣肌肉動作的電流訊號。此處說的鏡像，指的就是「模仿」。

換言之，由於我們擁有鏡像神經元，使我們在無形之間產生與對方「相連」的感覺。

我想你一定也有過這種經驗：如果眼前的人心情差，你也跟著心情差了起來。反之，若有個好像很高興、笑得很開心的人在你旁邊，你是不是也變得心情愉悅了呢？這是因為即使對方將情感隱藏，依舊能被人類感知到，我們會用「氣氛輕鬆」和「氣氛凝重」的說法來表現這種現象。

撇開深奧的事不談，我們要得到別人的喜愛，就需要鏡像神經元的作用。**由於鏡像神經元的功能，導致我們會下意識地「喜歡某人」、「討厭某人」，關鍵就在於所謂的「共鳴」。**這部分非常重要，得到上級的青睞也與此作用有關，希望各位務必將此情報刻進腦海裡。

那麼，該如何運用這個鏡像神經元的功能呢？

在企業裡工作，相信一定會有和老闆吃飯的場合。

大企業應該會有老闆和全部門的聚餐；若是小公司，照理說將有更多與老闆一起用餐的機會。

請記住，這個用餐時間正是最佳的機會。

說到底，你知道為什麼要一起用餐嗎？老闆當然也有他的意圖才是，但是，我建議你這麼做的真正的用意是基於以下理由。

我們是人類，卻也是動物，這是不變的真理。想像一下動物進食的畫面就會明白，牠們吃東西的時候總是警戒著四周，深怕自己的食物被搶走。對人類來說，一同用餐其實也是沒有互相信賴便無法達成的事。你可以和討厭的人一同用餐試試，有時根本就食不下嚥。因為你們之間並無信賴可言。

換句話說，用餐場合是建立信賴關係的地方，也是象徵彼此「沒有敵意」的方式。現在你明白餐會場面有多麼重要了吧？

那麼，下面就來看看，在這個建立信賴關係的場合，如何誘使老闆驅動鏡像神經元吧！

首先，方才我說過「共鳴」的重要。請努力製造與老闆之間的共鳴。

「嗯？當場做一些舉動製造共鳴的意思嗎？」

不，錯了。你需要事前準備來獲得老闆的共鳴。那麼，你應該做什麼呢？正確答案是：「請大量閱讀經營者撰寫的書或傳記，或是觀看描寫經營者生平的電影。」

「啊？這樣就行了嗎？」

是的，這樣就行了。

坦白說，只要你是被雇用方，就不會擁有經營者的思維。因為你們沒有共同的思想，當然無法產生什麼共鳴。

然而，經由大量接觸經營者相關的書籍、影片或電影，「經營者思想」便會逐漸佔據你的腦海。「換做是老闆，他會怎麼想？」倘若能在腦中自動進行這種自問自答，你就能與老闆產生共鳴。

這種共鳴，做老闆的一下就能察覺。只要和老闆說上一、兩句話，他就會發現：「哦？這小子不一般唷。」

許多人只能和同等級的人聚在一起，那是因為他們和不同層級的人聊不上話，最重要的原因在於無法擁有共鳴。

我以前也是做兼職打工的，當上經營者後，才首度了解當時老闆的想法。倘若還在企業裡時就能養成這種思考模式，何樂而不為呢？

No.37

業績好還要更好！助你更上一層樓的環境作用

一般來說，進入公司，有野心在公司經營層佔有一席之地的人並不多見，即便如此，還是有一小群這樣的人。

我個人雖然忍不住覺得：「這麼有幹勁的話，自己創業不就行了？」但想必他們是出於什麼考量吧。

既然要躋身經營層，自然應當拿出相應的實力與業績，也需要與高層之間的信賴關係，為此必須付出的勞力亦無從估計。

要讓高層覺得「讓此人加入經營層，對公司今後的營運將有所助益」，該怎麼做才好呢？

此時故弄玄虛自然是不管用的。終究只能靠實力和實績，以及運氣的輔助，請將這些當做最起碼的條件。

然後再加上「環境作用」的運用吧！環境作用，就是利用環境的影響力。

如果你已經努力再努力，仍然想要百尺竿頭更進一步，並且想得到經營層認可的話，**請坐在「工作能力強的人旁邊」**。

「坐在工作能力強的人旁邊？」相信大家一定感到很疑惑，下面就來解說其用意。

2017年，哈佛商學院進行了一項實驗。請來2000名商務人士接受試驗，觀察其2年間的工作模樣。調查對象為大型科技公司，針對以下4個項目進行調查：

①他們在辦公室裡坐在哪個位子
②對工作的熱忱
③用於工作的時間
④工作的品質

結果顯示出，這2000人大約分成了3種類型：

❶生產型……總歸來說就是處理大量工作，不拘泥工作品質的類型。佔全體25%

❷品質型……花時間提高品質，完成的工作量並不多。佔全體25%

❸平均型……介於生產型與品質型中間。不偏不倚，趨向平均。佔全體50%

而在釐清這些數據之餘，也明白了一件事。那就是「生產型與品質型相鄰而坐時，工作的產能與效率將提升高達17%」這項事實。

另外還發現，如果讓生產型或品質型坐在平均型旁邊，也能提高平均型的產能約莫10%。

而且特徵是換了位子後效果立見，1個月內就能見到產能提升。

換句話說，當你已經努力過，運氣也用了，業績也有所成長，在如此狀態下仍想再攀高峰時，只要坐在比自己厲害的人旁邊，業績就會更上一層樓。

當人類想如這般追求更高的境界時，只要改變環境，便能夠超越過去的自己。

只要業績節節高升，達到公司也無法忽視的地步時，接下來雖有運氣的成分，但或許就能夠躋身經營層之列。

順帶一提，如果是在小公司，進展會快上許多；一旦換作大企業，接踵而來的便是公司的內部鬥爭。縱使你能高攀上經營層中誰的公子、千金，締結良緣，也必然會被捲入宛如連續劇情節般勾心鬥角的世界，若是不想涉足那樣的世界，建議你務必自立門戶，創建自己的公司。

無論如何，想贏得經營層的歡心，去坐在工作能幹的人旁邊就對了！唯獨這一點，務必要牢牢記在腦海裡。

No.38

出人頭地的必備條件

「使心靈強健」的6大要點

不分公司內外，世上的成功者們必定有著共同的特點。反之亦然，失敗者們也有共同的特點。

提到「成功」，社會大眾總是無可避免地認為是「強悍的心靈」在推波助瀾。然而真是如此嗎？如果真的單憑強悍的意志就能成功，許多有過從軍經驗的人應該都已成功了。事實看來並非如此，這就代表還有些別的「什麼」。

其實，**會成功的人，其共同點是持續堅持某些要點，泰山崩於前亦不離棄。**反過來說，不管發生什麼事，只要專心一致地完成眼前的任務，心靈自然會變得強大，終將邁向成功之路。

那麼，下面就來看看成功者都在乎哪些要點吧！

①發誓不找藉口

無論做什麼樣的生意，必定伴隨著失敗。但是要對自己發誓，無論遭遇什麼樣的失敗，絕對不要找藉口。這種不推托的態度，一定會有人看在眼裡。想找藉口減輕自己蒙受的傷害，這種心情雖然可以明白，但還是要請你務必堅持到底。

②絕不妥協

如果有個最初描繪好的藍圖，無論途中發生什麼事，請你都不要妥協。人在碰到枝微末節的問題時，往往很容易一邊想著「這種小事情就算了吧」，一邊放棄妥協，然而，此處的堅持不懈，必定能夠增強意志，帶來成長。

③相信直覺

有人說在當下浮現的想法叫做直覺，但我的想法則有所不同。我認為直覺應該是在仔細傾聽周遭的意見，加以琢磨領會之後，深入挖掘自己的想法，並斟酌過所有的可能性，在剩餘的選項裡面，相信直覺性最吸引你的那一個。

④凡事不拖延

先行動再說，邊行動邊想。拖延基本上成不了大事。身體的行動要先於腦袋。有些人是想等有了幹勁或動機時再展開行動，然而，幹勁或動機全是先「行動」之後才能觸發的。總之，重點就是先動起來！

⑤不在意旁人的反應

根據以800名創業人士為對象的威廉與瑪麗學院的調查，發現成功人士身上的共同特徵之一是「不畏懼失敗」與「不在意旁人的反應」。相信你的身邊應該也有老是在意別人目光的人，這種人幾乎沒幾個成功的。

⑥堅持到底

一如字面所述，決定好的事情就堅持到底吧！無論發生什麼事都要堅持下去，只要遵守這點就沒問題了。

每天落實以上6項，勢必能使心靈強大起來，引領你走向成功。

坊間出版了許多鍛鍊強健心靈的書籍，內容以身體性的鍛鍊為主。如果是「想體會心靈變強大的感覺」，完全是您個人的自由，我不反對；可如果想真正地「強健心靈」，請老老實實地實踐方才介紹的6點。唯有如此，才能在真正的意義上使心靈強大。

據說幾年前，英國便真實發生過一起荒謬的事：一名聲稱自己「通過強健體魄，使心靈更為強大」的男性，在目睹恐怖攻擊時一把推開女性，爭先恐後地自顧自逃命，不過是被流彈擦過手臂，便當場昏了過去。強大的心靈需要經由「耿直地遵守該做之事，並憨厚地實踐」來獲得，此外別無他法。

我感覺如今的人們，儘管在物質上不虞匱乏，精神層面卻變得非常脆弱。我在想，憂鬱症、精神疾病患者的增長，其背後因素是否就是源於心靈的脆弱。反過來想，這代表公司裡也有許多心靈脆弱的人，倘若在眾人當中，有誰能夠確實壯大自己的心靈，不必多說，公司高層自然不會錯過他。

No.39

成為眾人眼中的能人
「量身訂做」的服裝

在企業裡上班，相信也會增加許多建立公司外部人脈的機會。但是，公司外部的人是看在你公司名稱價值的份上與你共事。其證據就是，當你獨自創業以後，即便是過去曾與你有過交情的人，一樣可能翻臉不認人，無人理睬你。說穿了其實就是這樣，你以為靠自己拚來的生意，其實只是仰賴公司招牌才拿下的，這肯定會對你造成無法計量的打擊吧？

不過，倒也不是所有人皆是如此。也是有一自立門戶就無縫接軌，與從前的顧客順利展開交易的人。究竟這之間的差別是什麼呢？

當然，當事人的才幹與個人魅力也是一部分原因吧。不過另有一部分重要因素，那就是「量身訂做」。

說到量身訂做，相信你一定會浮現訂做西裝的情景，一點也沒錯。事實上，我們向來因著身上穿的「服裝」被人品頭論足。關於這點，最好要先有清楚的認識。

一如「佛要金裝，人要衣裝」這句話所言，我們的服裝左右著別人對我們的好感度。

那麼，為了當別人眼中的能人，又該穿什麼呢？許多人應該會理所當然地回答「西裝」吧。但是每個商務人士都穿著西裝，這就很難讓你脫穎而出了。

1996年在英國進行的實驗中，讓300位參加者觀看各式各樣的男性和女性照片，下達「選出其中看起來聰明或是工作能力強的人」的指示。照片裡的男女做著繽紛多樣的時尚打扮，其中有高級服裝，也有像量販店裡賣的那種。結果明白了以下事項：

①300名參加者看見對方的服裝後，不到3秒就做出此人有沒有工作能力的判斷。

②大家回答「最有工作能力」的，是穿著訂製西裝的人，無關乎品牌。

換言之，我們得知**人們只用３秒來判斷。衣服的價位高低無關緊要，只要「剛好合身」，看起來便精明能幹，好感度也會上升。**

不過這項實驗只探討穿服裝之人是「同水平」或「低水平」的情況，才有了如此結果，如果你的地位高於對方，就應該穿出區別來。

哈佛大學在２０１４年所做的實驗，主旨與方才大同小異。這次是關於大學教授服裝的實驗，結果居然是穿著「休閒」服裝的教授被認為更有能力。

活力門的崛江貴文先生崛起時，誠然有許多知識分子痛批：「穿成那樣成何體統？搞清楚什麼叫ＴＰＯ。」然而，在當時的年輕人眼中，崛江貴文是個「能人」，我想你應該知道，以此時為分水嶺，創業家的服裝開始趨向休閒化。

社會上逐漸形成「穿著愈隨興的人，愈是給人不理會權威束縛的帥氣感，具有超脫常識之外的才幹」的風氣。換句話說，崛江貴文是這些實驗的最佳體現者，對於「用服裝操作心理」了解得十分透澈。

如果你想對公司外的人展現自己富有才幹，請務必考量與對方的地位關係後，選擇你的衣著。

當然了，此處的你也必須要有「真正的才幹」。如果做不到最基本的「對顧客真誠以待」，難免被人用「一開始還覺得這人有能力，開始相處後就逐漸露出了真面目」的眼光看待。

「量身訂做」並非萬靈丹，終究只是為你的才能錦上添花。

No.40

心理學界最強的說服術！你該率先學會的 BYAF法

若是沒有說服別人的技術，出人頭地之路想必會崎嶇難行。說服人的技術可謂商場上的最強武器，直到現在，我還沒見過不懂這項技巧，還能夠成功上位的人。

在心理學界裡，有個說服術號稱成效居冠。那就是「BYAF法」。這項技巧雖然極富盛名，卻意外地不常被人使用。

BYAF是「But You Are Free」的縮寫，換成中文的意思就是「但是你有決定的自由」。

那麼，來實際瞧瞧是怎樣的感覺吧！

「這款相機已搭載了最新的單眼相機結構，非常划算。現在買還贈送SD記憶卡，讓您隨拍隨存，您覺得怎麼樣呢？」

嗯，無庸置疑，這是銷售話術。若是打從一開始就有意願購買，理當會買下去吧。

「這款相機已搭載了最新的單眼相機結構，非常划算。現在買還贈送ＳＤ記憶卡，讓您隨拍隨存。當然，買不買是客人您的自由。」

怎麼樣？聽了之後有什麼感覺呢？如果是從頭開始閱讀本書的讀者，應該已經很清楚「人類討厭被拘束」的道理。這項技巧正是不偏不倚地戳中人們的這種心理。

「不，很難說吧……我覺得好像沒什麼差別啊……。」你是這麼覺得嗎？不，事實上，**運用這項技巧——僅僅在最後加上「您的自由」這句話——說服對方的機率就會提升至2倍。**這個道理在心理學實驗中，早已反覆得到證實。

２０１２年，在西伊利諾大學曾有實驗查證過這個ＢＹＡＦ法。據說是從過去全球對「說服術」的實驗結果當中，選出較為可信的42件，徹底檢測其內容。

結果發現在多個實驗當中，果不其然均使用了這項BYAF技巧。

這下你明白了，這項技巧的有效之處在於，讓對方擁有最終決定權，享有無拘無束的自由。

「部長，這案件的截止日是今天，我可以往上呈交，沒有問題吧？」

這問法等於剝奪了部長的自由。因為失去了「不能提交」的選項，這樣一來，勢必會令他感到不悅。

「部長，這案件的截止日是今天，我可以往上呈交，沒有問題吧？當然，還是由部長您來決定。」

換成這種說法部長就擁有了自由，勢必不會再為此吹鬍子瞪眼了。

「老闆，我聽說下次開會不發資料，所以就沒有準備了。」

倘若不明白前因後果，老闆可能會覺得：「到底是誰下的決定，誰給你的膽子！」

「老闆，我聽說下次開會不會發資料，所以就沒有準備。當然，還是由老闆您來決定。有需要的話，我馬上準備。」

這樣一說，老闆也有了決定的自由，會議便可順利無礙地推行。

最重要的是，大家肯定會對說這些話的人留下良好印象。

當然，這項好用的技巧不只能夠用在商場上，更可以全方位地運用在任何事情上。

好比說，假設後輩為了工作的事找你商量：

「前輩，我不想幹了。我覺得這份工作肯定不適合我。」

「是喔。我也有過你這種時候。不過啊，你絕對不能辭職。那樣等於是落荒而逃，逃避會造成你一輩子的陰影喔！」

你的挽留之心溢於言表，但是這樣卻會造成他更大的壓力。

「是喔。我也有過你這種時候。不過啊，你絕對不能辭職。那樣等於是落荒而逃，逃避會造成你一輩子的陰影喔！不過，這是你自己的人生，要不要辭職是你的自由囉。」

瞧，是不是感覺對方堅決的辭意有哪裡鬆動了呢？

這便是ＢＹＡＦ法的威力。不綑綁對方的自由，想說的話卻又一字不漏地傳達到位。心理學界最強的說服術，請務必納為己用。

第5章

同事是戰友也是勁敵。維持不好不壞交情的心理戰

No.41

贏得夥伴的信任就靠
共同敵人

同期進公司的同事是很奇妙的存在，時而如戰友，在某些情況下也可能成為對手。會為了升遷互相道賀，背後勢必也會互扯後腿。當然了，若能緊緊維繫住友好的情誼，同事將會是你最可靠的助力。當大家同為升遷打拼時，最不希望彼此反目成仇。

要獲得同事的信任、建立良好關係，我建議一定要使用「共同敵人」這項技巧。

「共同敵人」意即塑造「我們的敵人」，也就是同仇敵愾的意思。

有共同敵人會使我們團結一致。如果你討厭某個上司，又聽見其他人說「噢，其實我也討厭他」，你會有何感想？難道不會覺得頓時縮短了彼此間的距離嗎？

這種夥伴意識是如何建立起來的呢？讓我們先來領略這個部分吧！

心理學家赫伯・戈德伯格（Herb Goldberg）提倡「先有友情才有夥伴意識」的觀念，此過程是歷經3階段演變而成：

・第一階段：「有用處的友情」……有生意上的往來等利害關係
・第二階段：「有目的的友情」……擁有一致的目的或目標
・第三階段：「真正的友情」……成為不計損益的親密朋友

通過這3個階段，始能建立起真正的夥伴意識，但是**藉由塑造共同敵人，能夠一口氣跳到第二階段「有目的的友情」。**一般來說，在第一階段的利害關係中，「利益」相合則不成問題，但假如情況正好相反，通往下一階段的路將舉步維艱，不僅耗費時間，也無法保證能有所進展。所以製造共同的敵人，一口氣衝到第二階段是最明智、省時的做法。

「你聽說了嗎？某某好像和老闆槓上了呢！他還自作主張跟老闆說，同部門的我們和他想法一樣，這不是給我們找了大麻煩嗎？」

「啊？真的假的？我們不會也掃到颱風尾吧？叫他行行好啦！」

輕輕鬆鬆一句話，就樹立了共同敵人。但是一定要有事實根據，切勿憑空捏造。要是無憑無據、隨口胡謅，到頭來別人發現：「啊？那是假的嗎？我被騙了！」那時候被當成共同敵人的就是你了。

事實上，人類自有史以來便有意無意地行使著這項技巧，這種技巧正是造成「霸凌」的罪魁禍首。

請回到學生時代，回想班上的情景。霸凌的主謀者絕對不會單槍匹馬展開霸凌行為，肯定是召集多個夥伴一起欺負弱者，對吧？這稱為「偏執狂機制」——創造共同敵人，群起攻訐，和引發網路論戰的運作機制一模一樣。

但是，需要請大家注意的是，這種機制、抑或用此種技巧建立起來的關係出乎意料地薄弱，就像我在前面說的，一旦被人發現事情的真相、謊言被拆穿以後，由於並沒有靠第一階段的利害關係打下信任的基礎，少了這層支撐，關係將在頃刻間崩盤。也就是說，即便短期來說有效，但長期看來，還是依照3階段的步驟建立牢不可破的信賴關係，想必更無後顧之憂。

最後我要把「共同敵人」這項技巧的嚴重副作用告訴你。

假設你塑造了與某人的共同敵人，建立了彼此之間的信賴關係好了。可一旦變成此種關係，其實是一種「非常容易受到暗示的狀態」。換句話說，「共同敵人」的發起者若有意為之，想怎麼操作你的心理都可以。

這就是霸凌問題當中，主謀者的夥伴聽從其命令，把受害者逼上死路的原因。失去正確判斷力之餘，心靈受到的蠱惑將趨於顯著，個人的道德感也會降到谷底。會變得不負責任、容易衝動行事，無法停止進行破壞性行為，因此不可不慎。

希望大家謹守本分，最多把這項技巧用來「在短期內建立夥伴意識」，絕對不要對共同敵人做出更進一步的有害行為。

No.42

為了拉開距離、保有私人空間的
制約法則

說到「巴夫洛夫的狗」，就算不曾習讀心理學的人，一定也曾耳聞過吧？順便提一下，每當講到這個主題，常會聽到「是那部卡通嗎？」這種反應，但這裡所說的並不是《龍龍與忠狗》（法蘭德斯之犬），請不要搞錯了。

巴夫洛夫的狗，指的是心理學裡的古典制約（或稱巴夫洛夫制約、反應制約），是俄羅斯生理學家伊凡・彼得羅維奇・巴夫洛夫（Ivan Petrovich Pavlov）於1902年發現的現象。在餵狗吃飼料前，「先搖響鈴聲再餵」，日復一日地重複這個過程，最後狗只要聽到鈴聲就會流下口水。

意思就是，已經對這隻狗造成了「鈴鐺＝飼料」的制約反應，所以只要聽到理應和飼料無關的「鈴聲」，身體就會不自覺地產生反應。如今，我們說巴夫洛夫的狗，就是指「源於制約的條件反射」的意思。

你意想不到的是，我們也和這隻狗一樣受到制約。

從嗷嗷待哺期到眼下的這一刻，我們人生當中經歷過的事物對我們造成了許多的「條件反射」。一如巴夫洛夫的狗的實驗中，針對某種特定刺激作出特定反應的「刺激與反應」範例中所演示的，我們都受到了「制約」。

就拿吸菸者來舉例吧！其實多數吸菸者抽菸的時間大體上是固定的，這也是一種制約。

- 飯後
- 早上起床後
- 感覺焦慮或不安時

常有人說自己2～3個小時沒抽菸就犯了「尼古丁缺乏症」，這也是單純的制約。只是自己對自己加上這樣的條件，如果醫學上真的有「尼古丁缺乏症」這種疾病，那8小時的睡眠時間當中，就得刻意中斷睡眠，起身抽菸才對。當然也有些人是真的染上了菸癮，屬於神經性、精神性的成癮症，但被抽菸制約的人還是佔了多數。

好，現在已經明白我們的行動乃源於制約，接下來就來看看如何在公司內建立「制約同事和你保持距離」的機制。

「我說啊，這次我們幾個同期進公司的同事來舉行一場高爾夫大賽吧！」

假設有同事對你這麼說。你想保有私人的時間，然而，要是拒絕同事的邀約，說不定會讓彼此的情誼產生裂痕。這種時候就該先行下手，制約你的同事。

「啊，謝謝你的邀約。高爾夫球……好久沒去了，好想去喔……可是對不起，我習慣早1個月安排好行程，現在已經沒辦法更改了。希望你以後還會約我，如果能盡量提前1個月跟我說會更好。」

這樣就萬事搞定了。簡單吧。要約你就「必須提前1個月」，以此制約他。

就算同事們突發奇想決定去滑雪，主辦者也會想：「啊，沒辦法找他，因為他說要提前1個月才能排進行程。」也就不會特意來約你了。

如果你想要注重私人時間，務必對你的同事們先行訂下條件。這麼做勢必能讓你省去許多煩心事，盡情享受愜意時光。

No.43

「植入虛構記憶」技巧

將搶在你前頭的競爭者一腳踢開！

雖說與同事交好才是上策，可如果你是野心勃勃、想要飛黃騰達的人，必定是一邊在表面上與對方打交道，一邊在內心虎視眈眈地企圖尋找破綻，意圖「將對方甩在後頭」。倘若你正處於這種狀態，卻眼看著同事即將早你一步升遷，也許就會心生歹念，籌謀著「如何把他給幹掉」。

阻撓同事升遷，靠手段令其砸鍋的方法不計其數，但是最聰明的做法，就是讓同事自己砸自己的腳。若能使他連連出錯、業績一落千丈，你的機會就來了。這是相當不光彩的手法，但如果要將同事拉下位，請試試看「虛構記憶」這項技巧。

順便提一個問題，請務必試著回答看看：

「請回溯記憶到5天前，你晚餐吃了什麼？」

如何？想得起來嗎？

假設有位朋友5天前與你共進了晚餐，而這位朋友現在對你說：「什麼，你不記得了嗎？我們吃了豬肉啊，你還好吧？這麼年輕就痴呆了？」你一定會不由自主地想：「嗯？我吃了嗎……？好像吃了吧……。」

當然了，其實你並沒有吃肉，真相是你朋友在撒謊，但你還是會隱約覺得自己好像吃了、又好像沒吃……。

其實我們的記憶是世上最曖昧不清的東西，你想不到我們會有多健忘。而且很容易因為別人的話，將「曖昧不明的記憶」替換成別的內容。

1993年，華盛頓大學的心理學家伊麗莎白・洛塔斯發表了一項實驗結果，聲稱「人類的記憶可以憑空創造」。

洛塔斯聚集了24名成人參加實驗，向所有受試者的家人問出所有人幼年時期的事。在過去實際發生的經歷裡，加上「5歲的時候曾經在購物商場迷路」這段虛構的內容，集結成一本小手冊，讓受試者本人閱讀，要求「勾選出與記憶不符的項目」。

結果竟然有25％的受試者回答「記得曾在購物商場迷路，這個經驗存在於他們的記憶中」。而且令人震驚的是，據說當時的情景、哭泣的模樣、被店家的人詢問「還好嗎？你媽媽在哪裡？」的場景等，都清楚地留在了他們的記憶裡。

之後實驗持續進行，甚至成功讓他們對出生後不久和「出生前的記憶」信以為真。換句話說，即便不是事實，我們也有可能透過誘導等方式，塑造、竄改記憶。

我們的記憶就是這樣可以輕易地被捏造。

那麼，回到同事的話題吧！假設你野心勃勃，想要擠下你的同事。

「某某，你記得之前部長說過『要減少那間客戶的訂單，否則就等著被老闆罵』嗎？」

「啊？他有這樣說嗎？」

「喂，你不記得了啊？大概1個月前去喝酒的時候，部長不是有講，叫我們別說出去嗎？不記得怎麼行呢，難道你那天喝醉了？」

「呃，真的假的……哎呀～～部長有這樣說嗎……？」

「你可以去確認啊！不過要是部長罵你當初沒有仔細聽，我可不管喔！好像是那間公司想要節稅，所以不想有不必要的進帳。」

「是喔……謝啦。嗯……部長好像的確有這麼說過……謝謝你的提醒，我控制一下……。」

「放精明點吶，夥伴！」

就這麼沒頭沒腦地刪減客戶訂單的同事，於是挨了一頓罵，而趁此期間屢創佳績的你，或許機會就來了。

只不過，要演就把戲給演到最後。「喂，你上次說的那件事，部長說他沒有下那種指示啊！」如果同事這麼問你，你就要裝傻道：「啊？不可能，他肯定說了！部長也喝醉了，所以才不記得啦！」既然有出人頭地的野心，這麼點作戲的本事，肯定難不倒你吧！

No.44

無風不起浪？遏止不實謠言的透視效應

有句俗諺叫做「無風不起浪」，不過換作在現代，有時卻並非如此。多虧了社群網站，現在已成了用匿名上網找樂子，散播一些不實謠言的時代。「假新聞」就是其代表性產物，把虛偽不實的消息說得幾可亂真，在網路上傳播，如今我們反而需要具備「分辨消息真偽的眼力」。

人類這種生物其實最喜歡聽閒話，所以八卦雜誌才會賣錢，可如果被八卦的人是自己，誰還承受得住？儘管男性亦然，但女性的八卦尤其多半與性方面掛勾，這種事最讓人傷腦筋了。

「聽說那女的和部長搞在一起了。之前他們倆好像牽著手進了賓館街。」

「某某某祕書啊，之前進了老闆辦公室，好像1個多小時都沒出來耶。不知道在做些什麼？」

被散布流言的如果是女性，十有八九是這一類八卦。當然了，如果是男性被傳，比較主流的說法就是「他對那女的下手了」吧。

如果是「自己造的業」也就怪不得人，可如果一身清白，就必須妥善處理，否則過不了多久就會「弄假成真」。

那麼，為了遏止謠言，我們該如何是好呢？

事實上，我們不可能杜絕「謠言本身的產生」。只要有人類存在，無論哪個時代，都會謠言四起。走到哪裡都有看你不順眼的人，也有人為了剷除你而散播謠言。

此處要介紹的「透視效應」，正是用來遏止謠言爆發開來的方法。這方法不限男女，均可使用，請在被人傳八卦時實踐看看。不過，這只對「憑空捏造」的謠言有效，倘若謠傳屬實，還請負起全責。

「透視」正如其字面上的意思，是「裝作沒看到」或「透明」的意思。只不過並非「被傳謠言還當作不知道」，而是**必須在謠言出現後，讓公司內部鼓噪的思緒變得「澄澈透明」。**

這項技巧是有順序的，請務必按部就班來做。

①當發現謠言傳出，先分析謠言出現的原因
②告訴你信賴的人、高層長官們，謠言為不實內容
③即便知道謠言的源頭，也不要用責備的口吻警告對方，頂多用開導的方式勸戒

接著就一項一項來看吧！

在①的分析謠言階段，請勿過分揣測，只要確認流言的真偽。如果是「自作自受」，做什麼都是徒勞無功；但假如是通篇謊話，就要思考自己是否做過近似的事。

比如傳出「和上司進了賓館街」這種謠言，就想想是不是在公司聚餐等場合，散會後與上司結伴同行，剛好走在賓館街附近等。

解開這層謎題後，自然明白「謠言從何而起」，也可以請求那名上司與你攜手合作，一同破除謠言。

第②階段，由於謠言必定傳遍公司上下，必須在傳到高層長官們耳朵裡前，

先做好安排。早一步告訴長官們，他們就會對謠言抱持懷疑的態度。「先下手為強」這句話說得不錯，預防針先打下去吧！

最後的第③階段至關重要。對製造謠言者感到怒火中燒、想衝著他發飆，雖然是人之常情，可要是忍不住擺出攻擊姿態，別人聽在耳裡，心裡便形成了一張彷彿你才是加害者、對方任由你責備的關係圖。

因此請多加留意，冷靜地表達「客觀性事實」與「自身情緒」吧！

只要做了這些，謠言自會如雲煙般消散。而且這一連串的行為還會助長你的信用。所以倘若傳出了自己的謠言，請祭出「透視法」，讓謠言愈來愈透明吧！當然，最好的情況莫過於別發生這種事，可萬一發生了，請務必讓它派上用場。

No.45

令上司「偏心」的午餐技巧

「這幫我拿去影印。」

明明都是同期進公司的，偏偏只叫某些人去影印，有些人則可倖免於難。究竟這當中的差別何在呢？

老實說，影印這檔子事誰都會做，被交付這項工作，等於是在你身上烙下「無甚用處」的印記。

或許在你的同事當中，也有備受上司關愛的人，一些雜事都不會落到他頭上。這種情況就屬於「上司偏心」。

為了從同事那裡搶到受寵的位置，我的建議是採用這項「午餐技巧」。

「下次一定要一起去吃飯！」「下次一定要一起去喝一杯！」

無論在公、私場合裡，這都是個常用的句子。邀約上司時，抑或在私人時間邀約男、女朋友時，我想應該沒有人不說這句話。

那麼，為什麼我們想和對方增進情誼、或是想建立信賴關係時，要去吃飯呢？先來把這點弄清楚吧！

「在用餐時與對方聊天，能使對方產生正面情緒。」這是美國一名叫做葛瑞格利・拉茲蘭（Gregory Razran）的心理學家所發現的事實。像是在交涉時，即便是一般情況下無法談攏的事，邊享用美食邊談的話，將有更高的機率談成。這種積極正面的印象也會影響到與你談話的人，以及你們的談話內容。

人在大啖美食、啜飲酒精時，會分泌β腦內啡這種被稱為「快樂荷爾蒙」的物質。此時的快樂會反映在用餐過程裡發生的事情上。

事實上，在葛瑞格利・拉茲蘭進行的實驗中，據說他和受試者們同桌用餐，對他們闡述自己的政治看法。用餐完畢後，詢問受試者對他的意見有什麼想法，結果據說比起用餐前，受試者對他的政治看法給予了更多的正面評價。

換言之，美食帶來的美妙滋味，會直接轉化為對眼前一同用餐之人的美好形象。可不是隨便有得吃就好，約會時要慎選地點及餐點，這個原則真的是不無道理。

懂得這個事實後，你就明白「午餐技巧」何以見效了吧？想必你也已經清楚，政治人物為何要在高級餐廳裡會晤。不是因為想奢靡揮霍，而是因為美味佳餚、環境氣氛，和雍容華貴的高級感會直接轉化為自己的形象。

所以，不要以為「不過是吃個飯而已」而輕忽怠慢，餐點的味道會決定你的形象，所以**若有機會和上司吃飯，很重要的一點，一定要選食物美味、或是上司愛吃的餐廳，與他共享佳餚。**

唯有一點，必須注意的是女性的情況。

說實話，我並不建議女性和上司兩個人單獨去吃飯。如同我前面所說的，對餐點的感覺會直接反映到人的身上，因此，也提高了讓人想歪，把妳當作戀愛對象的可能。最好邀請交情不錯的同性友人陪同前往。

無論如何，周而復始地這麼做，勢必能讓上司對你另眼相看，把對其他同事的偏心轉移到你身上。

雖然這基本上是「午餐時」所使用的技巧，但用在晚餐時間自然也是無妨。不，或許刻意安排晚餐更好。因為一般認為，過了傍晚以後，大腦難以正常運轉，人們的判斷力將變得較不靈光。

換言之，如果要和上司去吃飯，捨棄中午，安排在晚上更好（實際上也多半如此）。飲一杯酒，褪盡渾身疲憊，美食下腹，解除飢腸轆轆之感，血液往消化器官匯聚，流向大腦的血流量降低。再配上午餐技巧的加持，兩相催化之下，你肯定就是他眼中「最頂尖的下屬」。

無論如何，請不斷與上司一同用餐，直到抵達這個境界為止。因為下一次得到榮寵的人就是你。

No.46

顯得你比同事更厲害的親近效應

儘管有人說「有沒有能力，看業績便知」，但姑且不論業務，有些部門的功勞不是那麼顯而易見的。身在這類部門的人，一定正發愁著不知該如何表現自己的「工作能力」。面對這種情況，該如何突顯自己與同事的不同呢？

這裡我要介紹的是「親近效應」。這裡的親近意味著「貼近」，指的是「貼近」有能力者的做法。

「那小子很能幹啊！下次的計畫就交給他試試好了。」為了得到這句話，你必須在上司眼中「既迅速又能幹」。為了讓上司這麼認為，你必須先有所作為，只要顯得你很「厲害」就行了！

就是所謂的「假會」。有人說「像不像，三分樣」，現在就是要你把這件事「從扮相開始」，運用到商場上。

滑雪場上若是有人穿著一身滑雪勁裝，是不是明明沒在滑雪，也顯得一副「好像很會滑」的樣子？可以把兩者理解為同樣的道理。

那麼，該如何表現出「厲害」呢？下面將具體介紹5種方法：

①迅速回覆信件

一般而言，工作能力與回信速度快慢成正比。有能力的人，回信時多半從結論切入，絕大多數是「收到」、「立刻調查」、「那件事還辦不了」等內容，對結果一目瞭然。因此，一定要保持在可立即察知郵件的狀態，隨時做好回信的準備。

②守時

生意場合中，經常有人不遵守時間。有些人不把時間當一回事，覺得：「才5分鐘左右，應該沒關係吧？」但是商場上，更多的是嚴格看待時間的人。「錢沒有了可以再賺，時間卻不會重來」這句話說得一點也沒錯，遲到個幾分鐘就足以敗壞印象。不過有時會出現一種做法：刻意把時間說早，實際上卻是30分鐘或1小時後才行動，這種情況也會給對方極差的印象，不但會讓對方覺得：「這麼早叫我來幹什麼？提早5分鐘不就行了？」同時也是在浪費對方的時間，必須謹慎為之。無論如何，都要當個守時重諾的人。對方的時間也同樣寶貴，請貫徹這條原則。

③做筆記

做筆記可說是有能力的人在處理工作時的必做事項。儘管偶有自認聰明而不做筆記的人，還是不要效法為妙。認真做筆記的態度也能獲得長官的高度評價，意識到你是個值得信賴的人。

④發言前深思熟慮

先把事情在腦中演練一次再開口說話的人，能夠顯現出自己的「深思熟慮」。無論什麼樣的內容，都要說得不帶情緒、泰然自若、波瀾不驚，由此便可帶給別人「工作能力強」的印象。因此，不要反射性地回嘴。如果在會議等場合遇到要發言的情況，盡量做最後一個發言人吧！這麼做即可將極佳的印象深植人心。

⑤找上司商量

上司最喜歡替人排憂解難了。因為可以滿足他的自我認同需求，因此對前來諮商的下屬一點也不會感到討厭。但是，「商量的方式」當中暗藏著玄機，弄不好亦有可能遭到負面解讀，所以必須謹慎而行。

做為前提，商量的時候，一定要先說出結論來。單單說句「這個案件該怎麼辦才好呢？」上司也不知道該從何給予建議。從那一刻起，你就被蓋上了「沒能力」的烙印。

「這次的案件，之前詢價時是這個價錢，交涉過後，對方提出了這個價。我是認為到這個價都還可以妥協，您覺得呢？」

用這種方式詢問，上司就能明確知道該針對何處提供建議，自然也不會覺得你是「沒用的廢物」。

就像這樣，倘若能夠效法職場高手，身體力行「看似很厲害的行為模式」，便可在潛移默化中成為真正的高手。為了你的將來，請務必親自嘗試看看。

No.47

合法搶奪顧客的
仙境法則

無論在哪個業界，都存在著搶顧客這種事。既然要做生意，這也是無可厚非的，然而，這種事卻也會發生在同公司內、甚至是同部門的同事之間。

據說做業務的特別如此，即便外表不露痕跡，檯面下卻是刀光劍影不斷。如果還是完全抽佣制的工作，那真的會鬥個你死我活。這些爭鬥並非無緣無故發生的，通常是因為做法「太齷齪」，舉例來說，明明是同事的客戶，你還主動接近，若無其事地把合約簽走，此等作為，不吵起來才怪。

但其實就算不用這種爛招，也有方法能讓你合法接收同事的客戶，而且同事還會對你感恩戴德。那就是接下來要介紹的「仙境法則」。

有句俗話說「別人家的草坪比較綠」，**這個「仙境法則」正是要讓人產生「其他客戶更好」的錯覺。**此處應該做的有2件事，就是「設計同事」和「教育同事手裡的既有客戶」。

先來說說設計同事吧！一如「仙境」（good land）一詞所示，請堅定地說服同事，使他相信有更大的客戶存在。

「你知道某某商事的某某人嗎？我記得他好像是製作部的部長。」

「哦，知道啊。他怎麼了嗎？」

「沒有啦，聽說那個部長好像挺欣賞你的喔！」

「啊？怎麼會？我是跟他稍微聊過，可是工作上又沒有接觸。」

「哎呀，他聽到我們公司內部對你的評價後，說想和你聊一次看看。真是的，明明和他接觸的是我，卻老是在講你的事。要是能做成生意，那可不是蓋的，我會先跟對方講講看，如果可以你就上吧！」

「哦哦，的確可能是一筆大生意。嗯，謝啦！」

「我手上的這位某某部長可以給你負責，可這樣一來我就少了一個客戶，所以把你手上的某某公司的案件轉給我吧！那間公司和某某商事比起來，一點也沒賺頭的樣子，你還佔了便宜呢！你不會介意吧？」

如此交換客戶並沒有什麼稀奇，然而，此處卻藏有玄機。再來看看另外這邊，跟你口口聲聲要介紹的這位某某商事的部長該怎麼說吧！

「某某部長，這案子還不急，請您再仔細評估一下。對了，敝公司有一位某某人，連上級都誇他優秀，之前見了您之後，他說想把目光放遠一些，和您建立長遠的關係，不用急於一時的生意，不如我下次帶他過來，好嗎？」

實際上，這是判斷與某某商事已無成交的可能，把燙手山芋轉給同事負責的一種話術。

當然，重點是讓同事嗅到「做成大生意的機會」，編造出會讓同事覺得充滿未知數的「一筆大生意」就行了。就算同事之後沒能和某某商事做成生意，也會怪自己的能力不足。

像這樣為雙方牽線，表面上裝作盡心盡力地促成合作，實則搶走對方的既有客戶，這就是「仙境法則」的做法。

對於利慾薰心的同事來說，這是求之不得的好事，假使他實際去見了某某商事的部長，最初也會琢磨著先建立穩固的信賴基礎，立即切入生意話題的機率應該微乎其微。於此期間，和承接過來的既有客戶簽下合約，或用來豐厚自己的生意資產就行了。

畢竟打從一開始，某某商事就沒有與你談成任何生意，是你開拓不了的疆土，倘若同事運氣好談成了，他會因此感謝你，即便不成，他也會認為是自己的問題，不會埋怨你才是。因為在他眼中，你是將自己的客戶優先讓給他的「神仙」同事。

「沒有啦，遇到困難就是要互相幫助啊，繼續一起加油吧！以後有適合轉介的客戶再介紹給你。不過，你那邊也要多關照我喔！」

請你口蜜腹劍、裝出善人的嘴臉，不遺餘力地施展這項技巧。相信這招絕對會讓你客戶源源不絕，笑到合不攏嘴。

No.48

想挖出同事的「機密訊息」就用推拉式說法

有的同事會企圖將上司給的資訊據為己有，喜歡搶在別人前頭的，大都以這類人居多。就連正常情形下應當與全部門共享的資訊，也會為了自己的業績而暫時壓下，用來圖利自己，這種小心眼的人的的確確存在。他們通常會在你提出問題後這樣裝蒜：

「關於那個計畫，部長有跟你說什麼嗎？」

「沒有啊，還不知道。有什麼進展我再告訴你。」

然而，遭受如此對待、被人捷足先登的滋味可不好受，我們並不想坐以待斃。此時就需要「推拉式說法」這項技巧了。行銷用語裡也能看見推式（Push）與拉式（Pull）策略的身影，相信許多讀者並不陌生。

簡單說，「拉」就是「賣給理應有需要的人」的概念。例如婚禮服務就是個典型的例子。

婚禮服務，即便再怎麼想推銷，若是對方壓根兒沒打算結婚，怎麼努力也是賣不出去，對吧？相對的，若是時機正巧，又符合當事人的需要，自然不必費心便能水到渠成。

另一方面的「推」，則是「積極主動地驅策對方購買」的方式。像保健藥錠這類產品的廣告就是典型的例子。

就算對方已經有在吃保健食品，或感覺沒有特別購買的必要，仍然用「對身體有多好」、「有多大效用」這種說明來激發購買慾望。從這點來看，這種方法比拉式策略稍微辛苦些，可反過來說，並不如拉式策略那樣「時機不合就無法賣出」，若是肯努力、有本事，成果將會更加豐碩。

現在，你已經了解「推銷」與「拉銷」是什麼了，接著就來說明「如何讓同事分享出他的祕密資訊」吧！

先說推式策略。

「關於那個計畫，部長有跟你說什麼嗎？」

「沒有啊，還不知道。有什麼進展我再告訴你。」

「不是啦，其實我是直接聽老闆說那計畫的『進度有點問題』，看來老闆跟我說的，和部長跟你說的內容有差喔！而且老闆好像心情不好，因為進度的問題。你是怎麼聽說的？」

「啊？真的嗎？沒有啊，部長是跟我說……。」

明白了嗎？就是**讓同事懷疑他聽說的有誤，也許你才是正確的，進而吐露實情。**

老闆那些話當然是你捏造的，也就是所謂的虛張聲勢。但是由於「自己知道的內容或許有誤」的念頭已經侵入同事的腦海裡，他想要釐清真相，反而會和盤托出自己知道的內容。等同事說罷，你再說：「哦，還好，和老闆說的一樣。這樣就可以放心啦！」

用這種推式策略套出情報雖已足夠，不過我們還是要再解說一下拉式策略。

「關於那個計畫，部長有跟你說什麼嗎？」

「沒有啊，還不知道。有什麼進展我再告訴你。」

「喔，不用啦。其實那個計畫早就有別的方案了，你知道吧？」

「啊？別的方案？我沒聽說啊……。」

「啊，是喔！呃，抱歉，我多嘴了。」

「嘿，哪有這樣的啦！那是什麼方案？我們要互通有無啊！」

「喔，好啦。反正先告訴我，你聽到的消息是什麼？」

這次換成**以未知情報為幌子，引誘對方自投羅網**的形式。同樣的做法，等聽他本人說完後，回答「什麼嘛，原來這就是另一個方案的具體內容啊！」就行了。

無論推式策略或拉式策略，選擇對你來說好用的來運用就可以了，這種話術可在各種場合派上用場，請務必拿出來施展看看。等你熟練此道後，所有人都必須對你從實招來。

【作者介紹】

小羅密歐・羅德里格斯（Romeo Rodriguez Jr.）

1972年出生於香港。讀心大師。自幼旅居於英國、加拿大、日本等多個國家，精通4種語言。第一位在日本確立娛樂性「心靈魔術」的表演者，擅長解讀對方心思、給予暗示、巧妙操控人心的技巧。曾在日本電視台、朝日電視台等電視節目上表演。2010年獲聘成為香港大學專修科讀心術講師，指導學員在經營、業務、服務業、接待業等工作場合「讀懂人心」。
鑽研商場心理學，以說服術、交涉術、讀心術、行銷術、人心掌握術見長。著有《從沒人理你，到人人挺你！巧妙操控97%人心的暗黑心理學：87個實用技巧，讓你看穿真相，秒懂人心》、《操縱人心就是這麼簡單：讓你職場關係、人際相處、兩性互動無往不利的黑暗心理術》等多本著作。

同事比工作更難搞

48招擊退辦公室小人

2019年6月1日初版第一刷發行

作　　者　小羅密歐・羅德里格斯
譯　　者　曾滯玉、高詹燦
編　　輯　陳映潔
封面設計　張家榮
特約設計　麥克斯
發 行 人　南部裕
發 行 所　台灣東販股份有限公司
　　　　　<網址>www.tohan.com.tw
法律顧問　蕭雄淋律師
香港發行　萬里機構出版有限公司
　　　　　<地址>香港鰂魚涌英皇道1065號東達中心1305室
　　　　　<電話>2564 7511
　　　　　<傳真>2565 5539
　　　　　<電郵>info@wanlibk.com
　　　　　<網址>http://www.wanlibk.com
　　　　　　　　　http://www.facebook.com/wanlibk
香港經銷　香港聯合書刊物流有限公司
　　　　　<地址>香港新界大埔汀麗路36號
　　　　　　　　　中華商務印刷大廈3字樓
　　　　　<電話>2150 2100
　　　　　<傳真>2407 3062
　　　　　<電郵>info@suplogistics.com.hk